英語力を飛躍的に伸ばすためには、一つひとつの単語をバラバラに覚えているだけではダメです。新しい単語を覚えるときに、知っている単語と組み合わせて、まとめて覚えることが重要なのです。この複数の単語のまとまりのことを「チャンク」と言います。チャンクで覚えることで、さまざまなことを表現できる力が身につきます。『クラウン　チャンクで英単語』はこの発想を活かした「発信用単語集」として、発売以来絶大な支持を得てきました。

　2020年代には、新しい英語教育改革がいよいよ全面的に実施されます。高校ではコミュニケーション能力を4技能5領域（聞くこと・読むこと・話すこと[やりとり]・話すこと[発表]・書くこと）でバランスよく伸ばす授業が中心になり、大学入試でも、4技能試験で英語力を評価されることが増えてきます。今後数年のうちに、小学校から英語を学習してくる生徒たちの英語力は今までよりずっと高くなり、中学・高校でも本当に英語を使う授業にシフトするはずです。

　本書では、この新しい時代に対応するべく、初版の基本コンセプトはそのままに、内容を全面改訂しています。私の専門であるコーパス言語学の分析結果に基づき掲載単語を選定していますが、さらに、ヨーロッパ言語共通参照枠（CEFR）を利用して、私が中心に開発してきた「CEFR-J Wordlist」のCEFRレベルに準拠した構成となっています。また、チャンクのカテゴリーは、CEFRの重要な概念であるCAN-DO（ことばを使って何ができるか）を反映した機能カテゴリーを中心に分類し直しました。これにより、覚えたチャンクを発信する際にどのような場面・機能で使うかがより明確になり、話すこと（やりとり・発表）のスキルが着実に身につくはずです。

　単語を学習するときに、チャンクで覚えると長くなって嫌だと思う人もいるかもしれません。しかし、まずはだまされたと思って、この本に取り組んでみましょう。学習が進むにつれて、自分のアイデアを英語で言うための「文の組み立て」と「単語力」が知らず知らずのうちに身についていくのを実感するはずです。英語が苦手だった人もしっかりとした英語が話せるようになり、もともと得意な人は、より発信力を身につけて「英語で自由自在に表現できること」がさらにパワーアップするに違いありません。

　チャンクの道も一歩から！　健闘を祈ります！

　2020年1月

　　　　　　　　　　　　　　　　　　　　　投野由紀夫

もくじ

イディオム・多義語

LEVEL 2

記号一覧

名	名詞	＝	同意語・類義語
自	自動詞	⇔	反意語
他	他動詞	▶	派生語・関連語
形	形容詞	複	複数形
副	副詞	発	発音注意
接	接続詞	ア	アクセント注意
前	前置詞	活	動詞の活用
助	助動詞	変	形容詞・副詞の比較級・最上級
代	代名詞	※	補足情報
間	間投詞		

◆見出し語の発音されない字（黙字）は、色を薄くしています。

本書の構成　■メインページ

Ⓐ CAN-DO グループ

CAN-DO（ことばを使って何ができるか）によって、単語をグループ分けしました。英語を使う場面を意識して学習しましょう。

Ⓑチャンク

日本語→英語の順で示しています。日本語を見て、チャンクを言えるようになりましょう。チャンクでターゲットとなっている単語とその訳は赤字にしています。

事実や情報を伝える ❶

学習する・教える

□□□ 0001 英語を勉強する	<u>study</u> English
□□□ 0002 日本語を教える	<u>teach</u> Japanese
□□□ 0003 スペイン語を学ぶ	<u>learn</u> Spanish
□□□ 0004 努力し続ける	keep <u>trying</u>

学校生活について話す

□□□ 0005 線を引く	put a <u>line</u>
□□□ 0006 一例を示す	give an <u>example</u>
□□□ 0007 宿題をする	do my <u>homework</u>
□□□ 0008 コピーをとる	make a <u>copy</u>
□□□ 0009 フランス語の文	French <u>sentences</u>
□□□ 0010 学校に着く	<u>get</u> to school

🐻 studyとlearn

studyとlearnは似た意味だが、studyは「勉強する」という動作そのものを意味し、learnは「（勉強した結果）知識やスキルなどを得る」ことに重点を置く。したがって、「私は毎日英語を勉強する」というときは、〇I study English every day. と言い、×I learn English every day. とは言わない。

68　LEVEL 1　Ⓐ

Ⓕ

6

C 見出し語

チャンクで、ターゲットとなっている単語です。

D 発音記号・カナ発音

単語の読み方を示しています。カナ発音で赤字になっているところは、アクセントをつけて読みます。
※カナ発音はおおよその目安です。

E 意味

見出し語の中で、とくに覚えておくべき意味を赤字にしています。

F コラム

単語の使い分け・語法などの情報が載っています。単語への理解を深めましょう。

10秒

study
[stʌ́di スタディ]
圐 圓 (を)勉強する
圐 勉強

STEP 1

teach
[tíːtʃ ティーチ]
圐 taught-taught
圐 を教える
▶ téacher 圐 教師

learn
[láːrn ラーン]
圐 learned-learned
learnt-learnt [láːrnt ラーント]
圐 圓 ①を学ぶ ②を覚える
learn to do …することができるようになる

try
[trái トライ]
圐 圓 ①(を)努力する、やってみる
②(を)試してみる、試す ③(に)努める
try to do …しようと試みる、努める
try doing 試しに…してみる
▶ trial 圐 裁判、試み

line
[láin ライン]
圐 ①線 ②列
圐 ①を列に並べる ②に線を引く

example
[igzǽmpl イグザンプル]
圐 例

homework
[hóumwòːrk ホウムワーク]
圐 宿題

copy
[kápi カピ]
圐 ①コピー、写し ②(本や雑誌の)部、冊
圐 ①のコピーをとる ②を写す

sentence
[séntəns センテンス]
圐 文

get
[gét ゲト]
圐 got-got [gotten]
圐 着く
圐 ①を買う ②を得る、手に入れる
get on A A(乗りもの)に乗る

🐻 try to do と try doing の意味の違い

どちらも「…しようとする」の意味だが、try to do は「(できないかもしれないけれど)これからやってみる」、try doing は「試しにやってみる」という意味。
I tried to get up early but couldn't. 「早く起きようとしたができなかった」
I tried getting up early. 「試しに早く起きてみた」

学習日 ／ ／ ／ **69**

7

本書の構成

■フォーカスページ

英語の学習上、重要な語を特集したページになります。

Ⓐ見出し語

取り上げている単語です。

Ⓑ共通イメージ

単語の意味がもつ共通の意味を表しています。

Ⓒイメージ図

単語の意味をイメージでとらえるためのイラストです。

Ⓓ意味

単語の意味が載っています。

Ⓔ使えるコーパスフレーズ

よく出てくるフレーズを示しています。

Ⓕ○○で言ってみよう!

見出し語で表現できる主なフレーズを載せてあります。何度も繰り返して言ってみましょう。

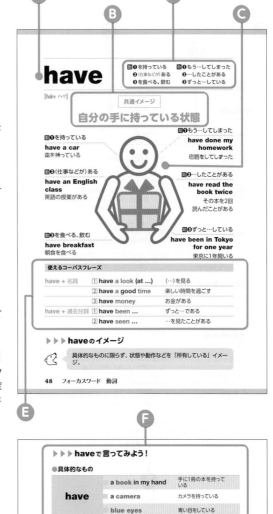

■例文ページ

各 STEP で学習したチャンクを、より着実に覚えるためのページです。何度も繰り返して、日本語を見て英語が言えるようになりましょう。

■イディオム

よく使うイディオムをまとめたページです。

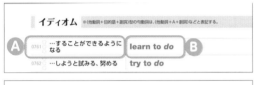

■多義語

複数の意味をもつ単語を特集したページです。意外な意味をもつ単語もあるので、しっかり身につけましょう。

本書の使い方

本書は一般的な単語帳とは構成が異なり、単語と単語の結びつきのセット（＝チャンク）の学習がメインです。以下のような手順で学習することで、最大限の効果が出るようにつくられています。

ステップ 1

チャンクの英語から日本語にできるかをチェック

まず、見開きページの左側にあるチャンクの英語を見て、意味がすぐに日本語で出てくるか確認してみましょう。もし、日本語訳が正しくできれば、そのチャンクに含まれる英単語は認識できていることになりますので、ステップ3に進みましょう。もしチャンクを正しく日本語にできないようならば、ステップ2を先に行いましょう。

事実や情報を伝える ❶

学習する・教える	□□□ 0001 英語を勉強する		study English
	□□□ 0002 日本語を教える	←	teach Japanese
	□□□ 0003 スペイン語を学ぶ		learn Spanish
	□□□ 0004 努力し続ける		keep trying
学校生活について話す	□□□ 0005 線を引く		put a line
	□□□ 0006 一例を示す	→	give an example
	□□□ 0007 宿題をする		do my homework
	□□□ 0008 コピーをとる		make a copy
	□□□ 0009 フランス語の文		French sentences
	□□□ 0010 学校に着く		get to school

studyとlearn

studyとlearnは似た意味だが、studyは「勉強する」という動作そのものを意味し、learnは「（勉強した結果）知識やスキルなどを得る」ことに重点を置く。したがって、「私は毎日英語を勉強する」というときは、〇I study English every day. と言い、×I learn English every day. とは言わない。

68　LEVEL 1

ステップ 3

日本語の意味を見てチャンクが言えるか確認

今度は覚えた単語を組み込んだチャンク自体を覚えます。これも基本的にはステップ2と同様にまずは英語から日本語に、次に日本語から英語にできるかを何度も練習しましょう。この段階でもうその単語の使い方の最も典型的な例をマスターしていますので、相当力がついているはずです。

ステップ 2
チャンクの
英単語を確認

チャンクをすぐに日本語にできない場合は、右ページを見て、チャンクの中に出てくる単語の意味を覚えましょう。覚える際は、目で見る、耳で聞く、口で発音する、手で実際に書いてみる、など多様なモードで記憶に留めるようにしてください。この場合、最初は英語→日本語の順で練習し、慣れてきたら日本語→英語で言えるかチェックしましょう。

study [stʌ́di スタディ]	動 自(を)勉強する 名 勉強
teach [tíːtʃ ティーチ] ■ taught-taught	動 を教える ▶ téacher 名 教師
learn [lə́ːrn ラーン] ■ learned-learned learnt-learnt [lə́ːrnt ラーント]	動 ①を学ぶ ②を覚える learn to do …することができるようになる
try [trái トライ]	動 他 ①(を)努力する、やってみる ②(を)試してみる、試す ③(に)努める try to do …しようと試みる、努める try doing 試しに…してみる ▶ trial 名 裁判、試み
line [láin ライン]	名 ①線 ②列 動 ①を列に並べる ②に線を引く
example [igzǽmpl イグザンプル]	名 例
homework [hóumwə̀ːrk ホウムワーク]	名 宿題
copy [kápi カピ]	名 ①コピー、写し ②(本や雑誌の)部、冊 動 ①のコピーをとる ②を写す
sentence [séntəns センテンス]	名 文
get [gét ゲト] ■ got-got [gotten]	動 着く 動 ①を買う ②を得る、手に入れる get on A A(乗りもの)に乗る

STEP 1

try to do と try doing の意味の違い

どちらも「…しようとする」の意味だが、try to do は「(できないかもしれないけれど)これからやってみる」、try doing は「試しにやってみる」という意味。
I tried to get up early but couldn't.「早く起きようとしたができなかった」
I tried getting up early.「試しに早く起きてみた」

学習日 ／ ／ ／ **69**

11

ステップ4
チャンクを
文レベルで使える
ように練習

最後にチャンクの入った文レベルでの練習をしましょう。これによって、チャンクを発信語いとして用いることのできるレベルまで引き上げます。これも、日本語を見て英語を何度も口で言って実際にスペリングなどに注意して書いてみてください。ここまで出来れば、チャンクを使って自己表現するレベルにまで単語力が身についています。

何度も
繰り返そう
！

例文でCHECK!!

学習する・教える	私たちは毎日英語を勉強する。	We study English every day.
0001		
0002	鈴木先生はマイクに日本語を教えている。	Mr. Suzuki teaches Japanese to Mike.
0003	私は父からスペイン語を学んだ。	I learned Spanish from my father.
0004	努力し続ければ、君の夢はかなうよ。	Keep trying and your dreams will come true.
学校生活について話す	彼女は地面に線を引いた。	She put a line on the ground.
0005		
0006	あなたに一例を示しましょう。	I will give you an example.
0007	私は宿題をしなくてはならない。	I have to do my homework.
0008	彼はそのファイルのコピーをとった。	He made a copy of the file.
0009	彼は短いフランス語の文を書くことができる。	He can write short French sentences.
0010	私は8時10分に学校に着いた。	I got to school at 8:10.
自分や家族について話す	私はみんなに家族を紹介した。	I introduced my family to everyone.
0011		
0012	私たちは彼をボブと呼ぶ。	We call him Bob.
0013	彼女は今朝赤ちゃんを出産した。	She gave birth to a baby this morning.
0014	おじは18歳の時にオーストラリアへ行った。	My uncle went to Australia at the age of 18.
0015	私たちはアメリカ合衆国に住むために東京を離れた。	We left Tokyo to live in the USA.
0016	私の父は若い時にこの都市に来た。	My father came to this city when he was young.
0017	私はニューヨークに自分の家を持ちたい。	I want to have my own home in New York.
0018	私の兄は週末に車を運転することを楽しむ。	My brother enjoys driving his car on the weekend.
0019	私の母はその病院で働いている。	My mother works at the hospital.
0020	日曜日には、私は家で映画を観る。	On Sundays, I watch movies at home.

※文にあわせて、時制や冠詞、単数／複数などチャンクを適宜変化させましょう。日本語に主語がない場合もあります。文意にあわせて、適当な主語を補うようにしてみましょう。

学習のヒント

1 音声データを活用しましょう

チャンク、単語、例文など豊富なバリエーションの音声を無料でご用意しています。英単語学習では、多様なモードで学習することが重要です。耳で聞いて、実際に口に出して発音しましょう。最終的には、日本語を聞いて英語が瞬時に言えるようになることを目指しましょう。

書名を選んで
クラウドマークをタップ！

ことまな S

iPhone を
お使いの方はこちら

Android を
お使いの方はこちら

2 インターバルを置きながら復習します

1回目　2回目

(1) 2 3 4 (5) 6 7
8 9 10 11 12 13 14
(15) 16 17 18 19 20 21
22 23 24 25 26 27 28
29 30 31

3回目

単語学習のポイントは、「忘れる頃に復習する」ということです。一度では単語は覚えられません。むしろ忘れる方がふつうです。記憶の研究ではできるだけ多様なモードで脳に定着しやすくする、忘れそうになった頃に再生して復習する、というのが定番です。この本も目標を決めたらそれまでに最低3回は繰り返しましょう。そして、1回目と2回目のインターバルを基準に、3回目はその間隔の2乗、（3日だったら3の2乗で9日）空けて復習します。次は3乗で27日といった具合です。試してみてください。

発音記号表

母 音		子 音	
/iː イー/	meat [míːt ミート]	/p プ/	pen [pén ペン]
/i イ/	big [bíg ビグ]	/b ブ/	busy [bízi ビズィ]
/e エ/	bed [béd ベド]	/t ト/	ten [tén テン]
/æ ア/	map [mǽp マプ]	/d ド/	day [déi デイ]
/æ ア | ɑː アー/	ask [ǽsk アスク]	/k ク/	kitchen [kítʃən キチン]
/ɑː アー/	farther [fáːrðər ファーザ]	/g グ/	game [géim ゲイム]
/ɑ ア | ɔ オ/	hot [hát ハト]	/ts ツ/	cats [kǽts キャツ]
/ʌ ア/	cut [kʌ́t カト]	/dz ヅ/	goods [gúdz グヅ]
/ɔː オー/	fall [fɔ́ːl フォール]	/f フ/	food [fúːd フード]
/ɔ オー | ɔ オ/	soft [sɔ́ːft ソーフト]	/v ヴ/	have [hǽv ハヴ]
/uː ウー/	school [skúːl スクール]	/θ ス/	thin [θín スィン]
/u ウ/	book [búk ブク]	/ð ズ/	this [ðís ズィス]
/əːr アー/	hurt [hə́ːrt ハート]	/s ス/	sea [síː スィー]
/ər ア/	over [óuvər オウヴァ]	/z ズ/	zoo [zúː ズー]
/ə ア/	about [əbáut アバウト]	/ʃ シュ/	push [púʃ プシュ]
/ei エイ/	take [téik テイク]	/ʒ ジュ/	television [téləvìʒən テレヴィジョン]
/ai アイ/	high [hái ハイ]	/h フ/	hat [hǽt ハト]
/ɔi オイ/	voice [vɔ́is ヴォイス]	/tʃ チ/	chair [tʃéər チェア]
/ou オウ/	note [nóut ノウト]	/dʒ ヂ/	just [dʒʌ́st ヂャスト]
/au アウ/	how [háu ハウ]	/m ム,ン/	meet [míːt ミート]
/iər イア/	ear [íər イア]	/n ヌ,ン/	noon [núːn ヌーン]
/eər エア/	fair [féər フェア]	/ŋ ング/	sing [síŋ スィング]
		/l ル/	leg [lég レグ]

＊カナ発音はおおよその目安と考えてください。
＊/ə/はアクセントのないあいまいな発音で，この部分のカナ発音は，なるべくつづり字に合わせて「アイウエオ」としてあります。
＊イタリック体は，その音を発音する場合と発音しない場合があることを表しています。

14

CROWN Chunk Builder

Basic

LEVEL

0

中学必修

町

001 hill 名 丘
[híl ヒル]

002 tower 名 塔
[táuər タウア]

003 school 名 学校
[skú:l スクール]

004 pool 名 プール
[pú:l プール]

005 bridge 名 橋
[brídʒ ブリヂ]

006 church 名 教会
[tʃə́:rtʃ チャーチ]

007 gym 名 体育館
[dʒím ヂム]

008 road 名 道路
[róud ロウド]

009 park 名 公園
[pá:rk パーク]

010 farm 名 農場
[fá:rm ファーム]

011 town 名 町
[táun タウン]

012 **beach** 名 浜
[bíːtʃ ビーチ]

013 **station** 名 駅
[stéiʃən ステイション]

014 **airport** 名 空港
[éərpɔ̀ːrt エアポート]

015 **building** 名 建物
[bíldiŋ ビルディング]

016 **temple** 名 寺
[témpl テンプル]

017 **shop** 名 店
[ʃɑ́p シャプ]

018 **supermarket** 名 スーパーマーケット
[súːpərmɑ̀ːrkət スーパマーケット]

019 **hospital** 名 病院
[hɑ́spitl ハスピトル]

020 **restaurant** 名 レストラン
[réstərənt レストラント]

021 **hotel** 名 ホテル
[houtél ホウテル]

022 **street** 名 通り
[stríːt ストリート]

023 **zoo** 名 動物園
[zúː ズー]

024 **bank** 名 銀行
[bǽŋk バンク]

025 **house** 名家
[háus ハウス]

026 **room** 名部屋
[rú:m ルーム]

027 **chair** 名いす
[tʃéər チェア]

028 **wall** 名壁
[wɔ́:l ウォール]

029 **window** 名窓
[wíndou ウィンドウ]

034 **roof** 名屋根
[rú:f ルーフ]

035 **telephone** 名電話 (=phone)
[téləfòun テレフォウン]

036 **television** 名テレビ (=TV)
[téləvìʒən テレヴィジョン]

037 **bed** 名ベッド
[béd ベド]

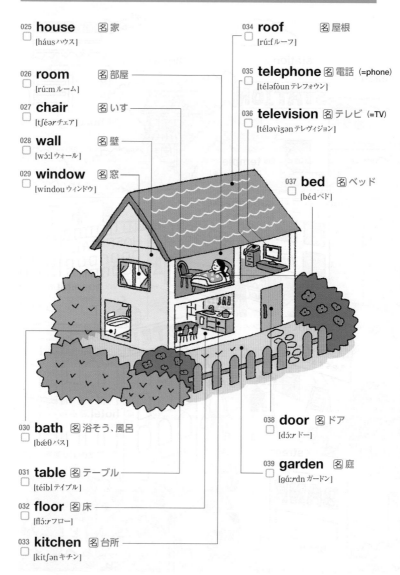

030 **bath** 名浴そう、風呂
[bǽθ バス]

031 **table** 名テーブル
[téibl テイブル]

032 **floor** 名床
[flɔ́:r フロー]

033 **kitchen** 名台所
[kítʃən キチン]

038 **door** 名ドア
[dɔ́:r ドー]

039 **garden** 名庭
[gá:rdn ガードン]

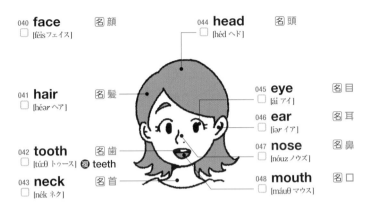

040 **face** 名顔
[féis フェイス]

041 **hair** 名髪
[héər ヘア]

042 **tooth** 名歯
[túːθ トゥース] 複 teeth

043 **neck** 名首
[nék ネク]

044 **head** 名頭
[héd ヘド]

045 **eye** 名目
[ái アイ]

046 **ear** 名耳
[íər イア]

047 **nose** 名鼻
[nóuz ノウズ]

048 **mouth** 名口
[máuθ マウス]

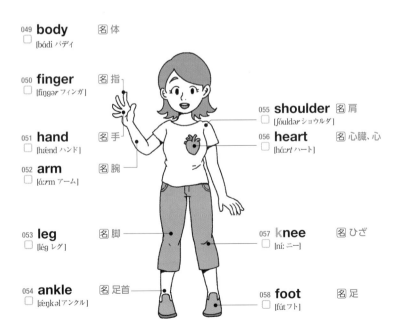

049 **body** 名体
[bádi バディ]

050 **finger** 名指
[fíŋgər フィンガ]

051 **hand** 名手
[hænd ハンド]

052 **arm** 名腕
[áːrm アーム]

053 **leg** 名脚
[lég レグ]

054 **ankle** 名足首
[æŋkəl アンクル]

055 **shoulder** 名肩
[ʃóuldər ショウルダ]

056 **heart** 名心臓、心
[háːrt ハート]

057 **knee** 名ひざ
[níː ニー]

058 **foot** 名足
[fút フト]

19

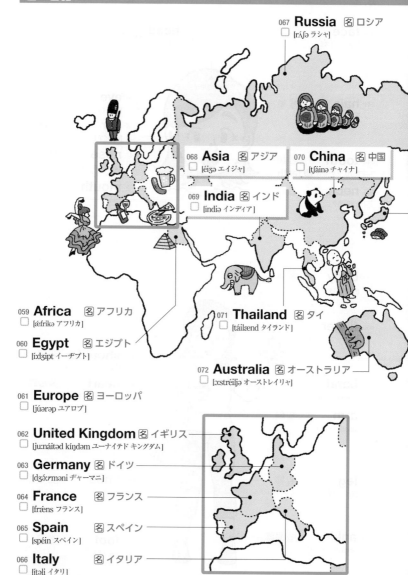

067 **Russia** 名 ロシア
[rʌ́ʃə ラシャ]

068 **Asia** 名 アジア
[éiʒə エイジャ]

070 **China** 名 中国
[tʃáinə チャイナ]

069 **India** 名 インド
[índiə インディア]

059 **Africa** 名 アフリカ
[ǽfrikə アフリカ]

060 **Egypt** 名 エジプト
[íːdʒipt イーヂプト]

071 **Thailand** 名 タイ
[táilænd タイランド]

072 **Australia** 名 オーストラリア
[ɔːstréiljə オーストレイリャ]

061 **Europe** 名 ヨーロッパ
[júərəp ユアロプ]

062 **United Kingdom** 名 イギリス
[juːnáitəd kíŋdəm ユーナイテド キングダム]

063 **Germany** 名 ドイツ
[dʒə́ːrməni ヂャーマニ]

064 **France** 名 フランス
[frǽns フランス]

065 **Spain** 名 スペイン
[spéin スペイン]

066 **Italy** 名 イタリア
[ítəli イタリ]

073 Japan 名 日本
☐ [dʒəpǽn ヂャパン]

076 Canada 名 カナダ
☐ [kǽnədə キャナダ]

077 America 名 アメリカ
☐ [əmérəkə アメリカ]

078 Brazil 名 ブラジル
☐ [brəzíl ブラズィル]

074 Mexico 名 メキシコ
☐ [méksikòu メクスィコウ]

075 New Zealand 名 ニュージーランド
☐ [njùː zíːlənd ニューズィーランド]

079 Chinese 名 中国語 形 中国の
☐ [tʃàiníːz チャイニーズ]

084 Japanese 名 日本語 形 日本の
☐ [dʒæpəníːz ヂャパニーズ]

080 English 名 英語 形 イギリスの
☐ [íŋgliʃ イングリシュ]

085 Spanish 名 スペイン語 形 スペインの
☐ [spǽniʃ スパニシュ]

081 French 名 フランス語 形 フランスの
☐ [fréntʃ フレンチ]

082 German 名 ドイツ語 形 ドイツの
☐ [dʒə́ːrmən ヂャーマン]

083 Italian 名 イタリア語 形 イタリアの
☐ [itǽljən イタリャン]

21

086 **bag** [bǽg バグ]	名 カバン	095 **pants** [pǽnts パンツ]	名 ズボン (複数扱い)
087 **button** [bʌ́tn バトン] 発	名 ボタン、押しボタン	096 **ribbon** [ríbən リボン]	名 リボン
088 **cap** [kǽp キャプ]	名 (ふちのない) 帽子	097 **shirt** [ʃɔ́ːrt シャート]	名 シャツ
089 **clothes** [klóuz クロウズ] 発	名 衣服	098 **T-shirt** [tíːʃəːrt ティーシャート]	名 Tシャツ
090 **hat** [hǽt ハト]	名 (ふちのある) 帽子	099 **shoe** [ʃúː シュー]	名 (shoes) 靴
091 **coat** [kóut コウト] 発	名 コート	100 **skirt** [skə́ːrt スカート]	名 スカート
092 **dress** [drés ドレス]	名 ドレス	101 **umbrella** [ʌmbrélə アンブレラ] 発	名 傘
093 **glove** [glʌ́v グラブ]	名 手袋	102 **watch** [wátʃ ワチ]	名 腕時計
094 **jacket** [dʒǽkət ヂャケト]	名 上着		

103 **color** [kʌ́lər カラ]	名 色	108 **green** [gríːn グリーン]	名 緑
104 **black** [blǽk ブラク]	名 黒	109 **red** [réd レド]	名 赤
105 **blue** [blúː ブルー]	名 青	110 **silver** [sílvər スィルヴァ]	名 銀
106 **brown** [bráun ブラウン]	名 茶	111 **white** [hwáit (ホ)ワイト]	名 白
107 **gold** [góuld ゴウルド]	名 金	112 **yellow** [jélou イェロウ]	名 黄

113 **music**
[mjúːzik ミューズィク]
名 音楽

114 **drum**
[drʌ́m ドラム]
名 太鼓

115 **flute**
[flúːt フルート]
名 フルート

116 **guitar**
[gitáːr ギター] ⑦
名 ギター

117 **piano**
[piǽnou ピアノウ] ⑦
名 ピアノ

118 **song**
[sɔ́ːŋ ソーング]
名 歌

119 **violin**
[vàiəlín ヴァイオリン] ⑦
名 バイオリン

120 **one**
[wʌ́n ワン]
名 1

121 **two**
[túː トゥー]
名 2

122 **three**
[θríː スリー]
名 3

123 **four**
[fɔ́ːr フォー]
名 4

124 **five**
[fáiv ファイヴ]
名 5

125 **six**
[síks スィクス]
名 6

126 **seven**
[sévən セヴン]
名 7

127 **eight**
[éit エイト]
名 8

128 **nine**
[náin ナイン]
名 9

129 **ten**
[tén テン]
名 10

130 **eleven**
[ilévən イレヴン]
名 11

131 **twelve**
[twélv トウェルヴ]
名 12

132 **thirteen**
[θə̀ːrtíːn サーティーン]
名 13

133 **fourteen**
[fɔ̀ːrtíːn フォーティーン]
名 14

134 **fifteen**
[fìftíːn フィフティーン]
名 15

135 **sixteen**
[sìkstíːn スィクスティーン]
名 16

136 **seventeen**
[sèvəntíːn セヴンティーン]
名 17

137 **eighteen**
[èitíːn エイティーン]
名 18

138 **nineteen**
[nàintíːn ナインティーン]
名 19

139 **twenty**
[twénti トウェンティ]
名 20

140 **thirty**
[θɔ́ːrti サーティ]
名 30

141 **forty**
[fɔ́ːrti フォーティ]
名 40

142 **fifty**
[fífti フィフティ]
名 50

143 **sixty**
[síksti スィクスティ]
名 60

144 **seventy**
[sévənti セヴンティ]
名 70

145 **eighty**
[éiti エイティ]
名 80

146 **ninety** [náinti ナインティ]	名 90	154 **fourth** [fɔ́ːrθ フォース]	形 第4の
147 **hundred** [hʌ́ndrəd ハンドレド]	名 100	155 **fifth** [fífθ フィフス]	形 第5の
148 **thousand** [θáuzənd サウザンド]	名 1000	156 **sixth** [síksθ スィクスス]	形 第6の
149 **million** [míljən ミリョン]	名 100万	157 **seventh** [sévənθ セヴンス]	形 第7の
150 **billion** [bíljən ビリョン]	名 10億	158 **eighth** [éitθ エイトス]	形 第8の
151 **first** [fɔ́ːrst ファースト]	形 第1の、 最初の	159 **ninth** [náinθ ナインス]	形 第9の
152 **second** [sékənd セカンド]	形 第2の	160 **tenth** [ténθ テンス]	形 第10の
153 **third** [θɔ́ːrd サード]	形 第3の		

家族			16 words
161 **family** [fǽməli ファミリ]	名 家族	169 **grandfather** [grǽndfɑ̀ːðər グランドファーザ]	名 祖父
162 **parent** [péərənt ペアレント]	名 親	170 **grandmother** [grǽndmʌ̀ðər グランドマザ]	名 祖母
163 **husband** [hʌ́zbənd ハズバンド]	名 夫	171 **grandchild** [grǽndtʃàild グランドチャイルド]	名 孫 複 grandchildren
164 **wife** [wáif ワイフ]	名 妻 複 wives	172 **uncle** [ʌ́ŋkl アンクル]	名 おじ
165 **father** [fɑ́ːðər ファーザ]	名 父	173 **aunt** [ǽnt アント]	名 おば
166 **mother** [mʌ́ðər マザ]	名 母	174 **brother** [brʌ́ðər ブラザ]	名 兄、弟
167 **son** [sʌ́n サン]	名 息子	175 **sister** [sístər スィスタ]	名 姉、妹
168 **daughter** [dɔ́ːtər ドータ]	名 娘	176 **cousin** [kʌ́zən カズン]	名 いとこ

177 **season** [síːzən スィーズン]	名 季節	180 **autumn** [ɔ́ːtəm オータム]	名 秋
178 **spring** [spríŋ スプリング]	名 春	181 **fall** [fɔ́ːl フォール]	名 秋
179 **summer** [sʌ́mər サマ]	名 夏	182 **winter** [wíntər ウィンタ]	名 冬

183 **do** [dúː ドゥー]	他 をする 自 行動する	189 **think** [θíŋk スィンク]	他 自 (と)考える
184 **give** [gív ギヴ]	他 を与える	190 **turn** [tə́ːrn ターン]	他 を回す 自 回る
185 **keep** [kíːp キープ]	自 ままでいる	191 **watch** [wátʃ ワチ]	他 をじっと見る
186 **know** [nóu ノウ]	他 を知る	192 **work** [wə́ːrk ワーク]	自 働く
187 **say** [séi セイ]	自 言う	193 **write** [ráit ライト]	他 を書く
188 **speak** [spíːk スピーク]	他 自 (を)話す		

194 **how** [háu ハウ]	副 どのように、 どうやって	199 **who** [húː フー]	代 だれ
195 **what** [hwát (ホ)ワト]	代 なに	200 **whose** [húːz フーズ]	代 だれのもの
196 **when** [hwén (ホ)ウェン]	副 いつ	201 **whom** [hum フム]	代 だれを (に)
197 **where** [hwéər (ホ)ウェア]	副 どこに、 どこへ	202 **why** [hwái (ホ)ワイ]	副 なぜ
198 **which** [hwítʃ (ホ)ウィチ]	代 どれが (を)		

203 **morning** [mɔ́:rniŋ モーニング]	名 朝	213 **day** [déi デイ]	名 日
204 **noon** [nú:n ヌーン]	名 正午	214 **holiday** [hálədèi ハリデイ]	名 祝日
205 **afternoon** [æftərnú:n アフタヌーン]	名 午後	215 **year** [jíər イア]	名 年
206 **evening** [í:vniŋ イーヴニング]	名 夕方	216 **month** [mʌ́nθ マンス]	名 月
207 **night** [náit ナイト]	名 夜	217 **week** [wí:k ウィーク]	名 週
208 **midnight** [mídnàit ミドナイト]	名 真夜中	218 **weekend** [wí:kènd ウィーケンド]	名 週末
209 **hour** [áuər アウア]	名 時間	219 **today** [tədéi トゥデイ]	名 今日 副 今日 (は)
210 **minute** [mínət ミヌト]	名 分	220 **tomorrow** [təmɔ́:rou トモーロウ]	名 明日 副 明日 (は)
211 **second** [sékənd セカンド]	名 秒	221 **yesterday** [jéstərdi イェスタデイ]	名 昨日 副 昨日 (は)
212 **birthday** [bə́:rθdèi バースデイ]	名 誕生日	222 **everyday** [évridèi エヴリデイ]	形 毎日の

223 **January** [dʒǽnjuèri ヂャニュエリ]	名 1月	229 **July** [dʒulái ヂュライ]	名 7月
224 **February** [fébruèri フェブルエリ]	名 2月	230 **August** [ɔ́:gəst オーガスト]	名 8月
225 **March** [má:rtʃ マーチ]	名 3月	231 **September** [septémbər セプテンバ]	名 9月
226 **April** [éiprəl エイプリル]	名 4月	232 **October** [ɑktóubər アクトウバ]	名 10月
227 **May** [méi メイ]	名 5月	233 **November** [nouvémbər ノウヴェンバ]	名 11月
228 **June** [dʒú:n ヂューン]	名 6月	234 **December** [disémbər ディセンバ]	名 12月

235 **earth** [ə́ːrθ アース]	名 地球、土	244 **mountain** [máuntən マウンテン]	名 山
236 **sun** [sʌ́n サン]	名 太陽	245 **water** [wɔ́ːtər ウォータ]	名 水
237 **moon** [múːn ムーン]	名 月	246 **sea** [síː スィー]	名 海
238 **star** [stáːr スター]	名 星	247 **river** [rívər リヴァ]	名 川
239 **sky** [skái スカイ]	名 空	248 **lake** [léik レイク]	名 湖
240 **cloud** [kláud クラウド]	名 雲	240 **tree** [tríː トリー]	名 木
241 **rain** [réin レイン]	名 雨 自 雨が降る	250 **flower** [fláuər フラウア]	名 花
242 **snow** [snóu スノウ]	名 雪 自 雪が降る	251 **stone** [stóun ストウン]	名 石
243 **wind** [wínd ウィンド]	名 風		

252 **meal** [míːl ミール]	名 食事	259 **bread** [bréd ブレド]	名 パン (※不可算名詞)
253 **breakfast** [brékfəst ブレクファスト]	名 朝食	260 **meat** [míːt ミート]	名 (食用の) 肉
254 **lunch** [lʌ́ntʃ ランチ]	名 昼食	261 **beef** [bíːf ビーフ]	名 牛肉
255 **dinner** [dínər ディナ]	名 夕食	262 **egg** [éq エグ]	名 卵
256 **food** [fúːd フード]	名 食べもの	263 **bean** [bíːn ビーン]	名 豆
257 **sandwich** [sǽndwitʃ サンドウィチ]	名 サンドウィッチ	264 **vegetable** [védʒətəbl ヴェヂタブル]	名 野菜
258 **rice** [ráis ライス]	名 米、ごはん	265 **potato** [pətéitou ポテイトウ] 発	名 ジャガイモ

266 **tomato** [təméitou トメイトゥ] 発	名 トマト	273 **coffee** [kɔ́:fi コーフィ]	名 コーヒー
267 **fruit** [frú:t フルート]	名 果物	274 **tea** [tí: ティー]	名 紅茶
268 **apple** [ǽpəl アプル]	名 リンゴ	275 **cake** [kéik ケイク]	名 ケーキ
269 **banana** [bənǽnə バナナ]	名 バナナ	276 **chocolate** [tʃɔ́:klət チョークレト]	名 チョコレート
270 **orange** [ɔ́:rəndʒ オーレンヂ]	名 オレンジ	277 **salt** [sɔ́:lt ソールト]	名 塩
271 **juice** [dʒú:s ヂュース]	名 ジュース	278 **sugar** [ʃúgər シュガ]	名 砂糖
272 **milk** [mílk ミルク]	名 牛乳		

助動詞   7 words

279 **can** [kǽn キャン]	助 …することができる	283 **should** [ʃúd シュド]	助 …するべきだ、…はずだ
280 **may** [méi メイ]	助 …かもしれない	284 **will** [wíl ウィル]	助 …するでしょう、…するつもりだ
281 **must** [mʌ́st マスト]	助 …しなければならない	285 **would** [wúd ウド]	助 …するでしょう、…したものだ
282 **shall** [ʃǽl シャル]	助 (疑問文で)…しましょうか		

スポーツ   10 words

286 **sport** [spɔ́:rt スポート]	名 スポーツ	291 **dance** [dǽns ダンス]	名 踊り、ダンス
287 **game** [géim ゲイム]	名 試合、ゲーム	292 **soccer** [sákər サカ]	名 サッカー
288 **club** [klʌ́b クラブ]	名 部、クラブ	293 **swimming** [swímiŋ スウィミング]	名 水泳
289 **baseball** [béisbɔ̀:l ベイスボール]	名 野球	294 **tennis** [ténəs テニス]	名 テニス
290 **basketball** [bǽskətbɔ̀:l バスケトボール]	名 バスケットボール	295 **volleyball** [válibɔ̀:l ヴァリボール] 発	名 バレーボール

296	anything [éniθìŋ エニスィング]	代 (疑問・否定文で) 何も	303	somebody [sʌ́mbàdi サムバディ]	代 だれかが [を、に]
297	everyone [évriwʌ̀n エヴリワン]	代 みな	304	someone [sʌ́mwʌ̀n サムワン]	代 だれかが [を、に]
298	everything [évriθìŋ エヴリスィング]	代 すべてのもの	305	something [sʌ́mθìŋ サムスィング]	代 何かが [を、に]
299	nothing [nʌ́θìŋ ナスィング]	代 何も…ない	306	this [ðís ズィス]	代 これが [を、に] 形 この
300	oneself [wʌnsélf ワンセルフ]	代 自分自身を [に]	307	that [ðǽt ザト]	代 あれが [を、に] 形 あの
301	neither [ní:ðər ニーザ]	代 どちらも…ない	308	these [ðí:z ズィーズ]	代 これらが [を、に] 形 これらの
302	none [nʌ́n ナン]	代 どれも…ない	309	those [ðóuz ゾウズ]	代 あれらが [を、に] 形 あれらの

310	animal [ǽnəməl アニマル]	名 動物	318	horse [hɔ́:rs ホース]	名 馬
311	bear [béər ベア]	名 クマ	319	lion [láiən ライオン]	名 ライオン
312	bird [bə́:rd バード]	名 鳥	320	monkey [mʌ́ŋki マンキ]	名 サル
313	cat [kǽt キャト]	名 ネコ	321	rabbit [rǽbət ラビト]	名 ウサギ
314	chicken [tʃíkən チキン]	名 ニワトリ	322	sheep [ʃí:p シープ]	名 羊 (※単複同形)
315	dog [dɔ́:g ドーグ]	名 イヌ	323	snake [snéik スネイク]	名 ヘビ
316	elephant [éləfənt エレファント]	名 象	324	tiger [táigər タイガ]	名 トラ
317	fish [fíʃ フィシュ]	名 魚 (※ふつうは単複同形)			

人称代名詞

			～は・が (主格)	～の (所有格)	～を・に (目的格)	～のもの (所有代名詞)	～自身
単数	1人称	325 私	☐ **I** [ái アイ]	☐ **my** [mái マイ]	☐ **me** [mí: ミー]	☐ **mine** [máin マイン]	☐ **myself** [maisélf マイセルフ]
	2人称	326 あなた	☐ **you** [júː ユー]	☐ **your** [júər ユア]	☐ **you** [júː ユー]	☐ **yours** [júərz ユアズ]	☐ **yourself** [juərsélf ユアセルフ]
	3人称	327 彼	☐ **he** [híː ヒー]	☐ **his** [híz ヒズ]	☐ **him** [hím ヒム]	☐ **his** [híz ヒズ]	☐ **himself** [himsélf ヒムセルフ]
		328 彼女	☐ **she** [ʃíː シー]	☐ **her** [háːr ハー]	☐ **her** [háːr ハー]	☐ **hers** [háːrz ハーズ]	☐ **herself** [hərsélf ハーセルフ]
		329 それ	☐ **it** [ít イト]	☐ **its** [íts イツ]	☐ **it** [ít イト]		☐ **itself** [itsélf イトセルフ]
複数	1人称	330 私たち	☐ **we** [wíː ウィー]	☐ **our** [áuər アウア]	☐ **us** [ʌ́s アス]	☐ **ours** [áuərz アウアズ]	**ourselves** [aursélvz アーセルヴズ]
	2人称	331 あなた たち	☐ **you** [júː ユー]	☐ **your** [júər ユア]	☐ **you** [júː ユー]	☐ **yours** [júərz ユアズ]	**yourselves** [juərsélvz ユアセルヴズ]
	3人称	332 彼ら 彼女ら それら	☐ **they** [ðéi ゼイ]	☐ **their** [ðéər ゼア]	**them** [ðém ゼム]	**theirs** [ðéərz ゼアズ]	**themselves** [ðəmsélvz ゼムセルヴズ]

乗りもの   11 words

333 ☐ **plane** [pléin プレイン]	名 飛行機 (=airplane)	339 ☐ **taxi** [tǽksi タクスィ]	名 タクシー
334 ☐ **train** [tréin トレイン]	名 列車	340 ☐ **bicycle** [báisikəl バイスィクル]	名 自転車 (=bike)
335 ☐ **subway** [sʌ́bwèi サブウェイ]	名 地下鉄	341 ☐ **yacht** [yát ヤト]	名 ヨット
336 ☐ **car** [káːr カー]	名 自動車	342 ☐ **ship** [ʃíp シプ]	名 船
337 ☐ **truck** [trʌ́k トラク]	名 トラック	343 ☐ **boat** [bóut ボウト]	名 ボート
338 ☐ **bus** [bʌ́s バス]	名 バス		

344 **king** [kíŋ キング]	名 王	354 **man** [mǽn マン]	名 男、男性 複 men
345 **queen** [kwíːn クウィーン]	名 女王	355 **woman** [wúmən ウマン] 発	名 女、女性 複 women
346 **doctor** [dáktər ダクタ]	名 医者	356 **child** [tʃáild チャイルド]	名 子ども 複 children
347 **nurse** [nə́ːrs ナース]	名 看護師	357 **boy** [bɔ́i ボイ]	名 男の子
348 **teacher** [tíːtʃər ティーチャ]	名 先生	358 **girl** [gə́ːrl ガール]	名 女の子
349 **student** [stjúːdənt ステューデント]	名 生徒	359 **baby** [béibi ベイビ]	名 赤ちゃん
350 **people** [píːpl ピープル]	名 人々	360 **friend** [frénd フレンド]	名 友人
351 **person** [pə́ːrsən パーソン]	名 人	361 **neighbor** [néibər ネイバ]	名 近所の人
352 **gentleman** [dʒéntlmən ヂェントルマン]	名 紳士 複 gentlemen	362 **group** [grúːp グループ]	名 集団
353 **lady** [léidi レイディ]	名 婦人	363 **team** [tíːm ティーム]	名 チーム

| 364 **east** [íːst イースト] | 名 東 | 366 **south** [sáuθ サウス] | 名 南 |
| 365 **west** [wést ウェスト] | 名 西 | 367 **north** [nɔ́ːrθ ノース] | 名 北 |

368 **album** [ǽlbəm アルバム]	名 アルバム	387 **map** [mǽp マプ]	名 地図
369 **ball** [bɔ́ːl ボール]	名 ボール	388 **mirror** [mírər ミラ]	名 鏡
370 **blackboard** [blǽkɔ̀ːrd ブラクボード]	名 黒板	389 **money** [mʌ́ni マニ]	名 お金 (※不可算名詞)
371 **book** [búk ブク]	名 本	390 **newspaper** [njúːzpèipər ニューズペイパ]	名 新聞
372 **bottle** [bátl バトル]	名 びん	391 **notebook** [nóutbuk ノウトブク]	名 ノート、手帳
373 **box** [báks バクス]	名 箱	392 **paper** [péipər ペイパ]	名 紙
374 **camera** [kǽmərə キャメラ]	名 カメラ	393 **pen** [pén ペン]	名 ペン
375 **card** [káːrd カード]	名 カード	394 **pencil** [pénsl ペンスル]	名 鉛筆
376 **clock** [klák クラク]	名 置き時計、掛け時計	395 **phone** [fóun フォウン]	名 電話
377 **cup** [kʌ́p カプ]	名 カップ	396 **photo** [fóutou フォウトウ]	名 写真
378 **desk** [désk デスク]	名 机	397 **picture** [píktʃər ピクチャ]	名 絵、写真
379 **dish** [díʃ ディシュ]	名 皿	398 **radio** [réidiou レイディオウ]	名 ラジオ
380 **doll** [dál ダル]	名 人形	399 **ruler** [rúːlər ルーラ]	名 定規
381 **dollar** [dálər ダラ]	名 ドル (※通貨単位)	400 **seat** [síːt スィート]	名 座席
382 **eraser** [iréisər イレイサ]	名 消しゴム	401 **stove** [stóuv ストウヴ]	名 コンロ、暖炉
383 **file** [fáil ファイル]	名 ファイル	402 **towel** [táuəl タウアル]	名 タオル
384 **glass** [glǽs グラス]	名 ガラス、(ガラスの) コップ	403 **vase** [véis ヴェイス]	名 花びん
385 **key** [kíː キー]	名 鍵	404 **yen** [jén イェン]	名 円 (※通貨単位)
386 **knife** [náif ナイフ]	名 ナイフ		

405 **Monday**
[mʌ́ndei マンデイ]
名 月曜日

406 **Tuesday**
[tjúːzdei テューズデイ]
名 火曜日

407 **Wednesday**
[wénzdei ウェンズデイ]
名 水曜日

408 **Thursday**
[θə́ːrzdei サーズデイ]
名 木曜日

409 **Friday**
[fráidei フライデイ]
名 金曜日

410 **Saturday**
[sǽtərdei サタデイ]
名 土曜日

411 **Sunday**
[sʌ́ndei サンデイ]
名 日曜日

412 **about**
[əbáut アバウト]
前 …について (の)
副 およそ

413 **above**
[əbʌ́v アバヴ]
前 …の上に

414 **across**
[əkrɔ́ːs アクロース]
前 …を横切って

415 **after**
[ǽftər アフタ]
前 …のあとに

416 **against**
[əgénst アゲンスト]
前 …に対して

417 **along**
[əlɔ́ːŋ アローング]
前 …に沿って

418 **among**
[əmʌ́ŋ アマング]
前 …の間に [で]

419 **around**
[əráund アラウンド]
前 …のまわりを [に]

420 **at**
[ǽt アト]
前 (場所) …に、…で

421 **before**
[bifɔ́ːr ビフォー]
前 …の前に

422 **behind**
[biháind ビハインド]
前 …の後ろに [の]

423 **below**
[bilóu ビロウ]
前 …の下に [の]

424 **beside**
[bisáid ビサイド]
前 …のそばに [の]

425 **between**
[bitwíːn ビトウィーン]
前 …の間に [で]

426 **beyond**
[bijánd ビヤンド]
前 …を越えて

427 **by**
[bái バイ]
前 …によって、…のそばで

428 **during**
[djúəriŋ デュアリング]
前 …の間に

429 **for**
[fɔ́ːr フォー]
前 …のために、…に向かって

430 **from**
[frʌ́m フラム]
前 (場所) …から

431 **in**
[ín イン]
前 … (の中) に

432 **into**
[íntu イントゥ]
前 …の中へ

433 **near**
[níər ニア]
前 …の近くに
副 近く

434 **of**
[ɔ́v オヴ]
前 …の

435 **on**
[ɔ́n オン]
前 …の上に
副 続けて

436 **over** [óuvər オウヴァ]	前 …を越えて 副 向こうへ	444 **within** [wiðín ウィズィン]	前 …以内に
437 **through** [θrú: スルー]	前 …を通じて 副 通り抜けて	445 **without** [wiðáut ウィザウト]	前 …せずに、…なしで
438 **till** [tíl ティル]	前 …まで (継続)	446 **down** [dáun ダウン]	副 下へ [に]、下がって
439 **to** [tú: トゥー]	前 (場所・対象) …へ、…に	447 **not** [nát ナト]	副 (…で) ない
440 **toward** [tɔ́:rd トード]	前 …の方へ	448 **off** [ɔ́:f オーフ]	副 離れて
441 **under** [ʌ́ndər アンダ]	前 …の下に [で]	449 **out** [áut アウト]	副 外へ、外で
442 **until** [əntíl アンティル]	前 …まで (継続)	450 **up** [ʌ́p アプ]	副 上の方へ
443 **with** [wíð ウィズ]	前 …と一緒に、…を持って		

CROWN Chunk Builder

Basic

フォーカスワード

come

❶来る
❷(相手の方へ)行く
❸めぐって来る
❹…(の状態)になる

[kʌ́m カム]

共通イメージ

話題の中心に向かって移動

❶来る
come home
帰宅する

❸めぐって来る
Spring has come.
春が来た。

❹…(の状態)になる
come true
本当になる

❷(相手の方へ)行く
I'm coming.
いま行きます。

使えるコーパスフレーズ

come to + 名詞		
	① **come to A's house**	A(人)の家を訪ねる
	② **come to an end**	終わる
	③ **come to a conclusion**	結論に達する
	④ **come to the door**	ドア[玄関]に来る
	⑤ **come to dinner**	夕食を食べに来る

▶▶▶ come のイメージ

話し手・聞き手の話題の中心に近づいていくことを表す語。日本語の「来る」と必ずしも一致しないので注意。

▶ ▶ ▶ comeで言ってみよう！

●場所・方向

come		
	back	戻る
	here	ここに来る
	to school	学校に来る
	to the meeting	会議に来る
	to the party	パーティーに来る
	to the station	駅に着く
	to my uncle's house	おじの家を訪ねる
	into my room	私の部屋に入ってくる
	home from school	学校から帰宅する

●時・順番・状態

come		
	first in the race	レースで1位になる
	true	本当になる
	loose	ゆるむ

●達する

come		
	to an end	終わる
	to 10,000 yen	10,000円になる
	to mind	思い浮かぶ
	to nothing	何にもならない

feel

❶ (痛み・感情など) を感じる
❷ (ものが) …の感じがする
❸ (…であると) 思う

[fíːl フィール]

共通イメージ

ハートでいろいろ感じている

❶ (痛み・感情など) を感じる
feel pain
痛みを感じる

❷ (ものが) …の感じがする
feel heavy
重く感じる

❸ (…であると) 思う
feel he loves me
彼は私のことが好きだと思う

使えるコーパスフレーズ

feel + 形容詞	① **feel** good / better	気分がよい／よくなる
	② **feel** free to *do*	ご自由に〜してください
	③ **feel** comfortable	居心地がよい
feel + 名詞	① **feel** the need	必要性を感じる
	② **feel** pain	痛みを感じる

▶ ▶ ▶ feelのイメージ

実際に手で触って「感じる」ことや、心で「感じる」感情を表す。

▶ ▶ ▶ feelで言ってみよう！

● 感情

feel	happy	うれしく感じる
	bad	いやな気分だ
	sad	悲しい気分だ
	sorry for her	彼女を気の毒に思う
	angry	怒っている
	at home	くつろぐ
	alone	孤独を感じる

● 感覚

feel	tired	疲れている
	hungry	お腹が空いている
	cold	寒い
	sick	体調が悪い
	sleepy	眠たい
	much better	だいぶ気分がよくなる

● 手触り

feel	cool	冷たい
	soft	柔らかい
	smooth	すべすべしている

find

❶ を見つける
❷ …であるとわかる

[fáind ファインド]

共通イメージ

探していたものを見つける

❶を見つける
find gold
金を見つける

❷…であるとわかる
find the movie interesting
その映画がおもしろいとわかる

使えるコーパスフレーズ

find + 名詞	① **find a way**	方法を見つける
	② **find (the) time (to do)**	(…する)時間を見つける
	③ **find a place**	場所を見つける
find it + 形容詞	① **find it difficult**	難しいと思う
	② **find it hard**	大変だと思う

▶ ▶ ▶ findのイメージ

なくしたものを偶然見つけたり、努力してものを見つけるイメージ。
また、ものに限らず、ある事実がわかった場合にも用いられる。

▶ ▶ ▶ findで言ってみよう！

● 身の回りのもの

	a key	鍵を見つける
	a wallet	財布を見つける
find	my glasses	私のメガネを見つける
	the post office	郵便局を見つける
	the nearest station	最寄り駅を見つける

● 抽象的なもの

	work	仕事を見つける
	a way	方法を見つける
find	a chance	チャンスを見つける
	the information	情報を見つける
	the time to do homework	宿題をする時間を見つける

● 評価

	the book interesting	その本がおもしろいとわかる
	it impossible	不可能だと思う
find	it easy	やさしいと思う
	it boring	退屈だと思う
	it difficult [hard] to get up early	早起きするのは難しい

get

[gét ゲト]

❶ を手に入れる、得る   **❸** …になる
❷ を買う   **❹** に着く、達する

共通イメージ

手に入れる、手に入れて(結果的に)変化する

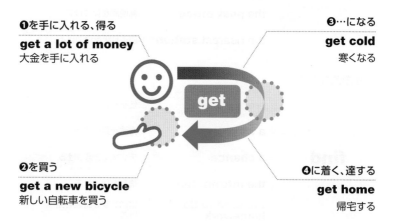

❶を手に入れる、得る
get a lot of money
大金を手に入れる

❸…になる
get cold
寒くなる

❷を買う
get a new bicycle
新しい自転車を買う

❹に着く、達する
get home
帰宅する

使えるコーパスフレーズ

get + 名詞	1 **get money**	お金を手に入れる
	2 **get a job**	就職する
	3 **get a car**	車を買う
get + 形容詞	1 **get better**	(体が)回復する
+ 過去分詞	2 **get lost**	迷う

▶▶▶ getのイメージ

具体的なものを手に入れることを表す最も一般的な語。また、ものに限らずある状態に「なる」ことも表す。広く「何か(もの・状態)を得る」ことを表す語。

▶ ▶ ▶ getで言ってみよう！

●有益なもの

get		
	his help	彼の助けを得る
	the information	情報を得る
	advice	助言を得る
	a chance	チャンスをつかむ
	a high grade	よい成績をとる
	full marks	満点をとる
	an email	電子メールを受け取る
	you a drink	飲み物を持ってくる

●状態の変化

get		
	dark	暗くなる
	hot	暑くなる
	angry	怒る
	better	(体が)回復する
	excited	興奮する
	tired	疲れる

●到達点

get		
	home at seven	7時に家に着く
	to school	学校に着く
	to Osaka	大阪に到着する

give

❶ を与える、あげる **❸** を伝える
❷ を渡す **❹** (会など)を開く

[gív ギヴ]

共通イメージ

相手に与える

❷を渡す
give him the dictionary
彼に辞書を渡す

❶を与える
give money
お金をあげる

❸を伝える
give advice
助言をする

❹(会など)を開く
give a party
パーティーを開く

使えるコーパスフレーズ

give A(人) B(ものなど)		
	① **give** me **some** money	お金をくれる
	② **give** me **some** ideas	アイデアをくれる
	③ **give** me **an** example	例を教えてくれる
	④ **give** me **more** time	もっと時間をくれる

▶ ▶ ▶ **give**のイメージ

誰かに何かを渡す、あげるなど広く「相手に何かを与える」イメージの語。日本語に訳すときは必ずしも「与える」とはならないので注意。

▶ ▶ ▶ giveで言ってみよう！

● 有益なもの

give		
	her a **present**	彼女にプレゼントをあげる
	me two **tickets**	チケットを2枚もらう
	good **information**	よい情報をあげる
	you an **answer**	あなたに答えを教える
	you an **example**	あなたに一例を示す
	the **watch** to my son	その時計を息子にあげる
	money to the charity	慈善にお金を出す

● コミュニケーション

give		
	advice	助言をする
	an **explanation**	説明をする
	an **order**	命令をする
	my **opinion**	自分の意見を述べる
	my **name** to him	彼に私の名前を言う
	a **party**	パーティーを開く
	a **speech**	スピーチをする
	a **smile**	ほほえむ
	you a **call**	君に電話する

go

[góu ゴゥ]

❶行く
❷…になる
❸（物事が）…に進行する

共通イメージ

話題の中心が別の場所に移動する

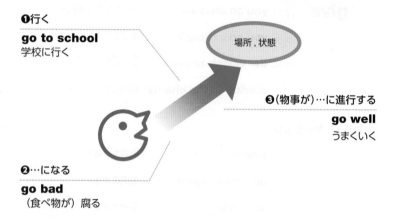

❶行く
go to school
学校に行く

場所 , 状態

❸（物事が）…に進行する
go well
うまくいく

❷…になる
go bad
（食べ物が）腐る

使えるコーパスフレーズ			
go to + 名詞	① **go to** bed	ベッドに行く、寝る
	② **go to** school	学校に行く
	③ **go to** sleep	寝る
go + 形容詞・副詞	① **go** wrong	思うようにいかない
	② **go** well	うまくいく

▶ ▶ ▶ goのイメージ

comeと逆の意味で、話し手・聞き手の話題の中心から離れていくイメージ。状態の変化を表すときなどにも用いられる。

▶ ▶ ▶ go で言ってみよう！

●場所

go	home	家に帰る
	to the beach	ビーチに行く
	to his house	彼の家へ行く
	to high school in Osaka	大阪の高校に通う
	to Italy	イタリアに行く
	by train	電車で行く
	on foot	歩いて行く

●目的

go	to the movies	映画を見に行く
	fishing	魚釣りに行く
	shopping	買いものに行く
	swimming in the pool	プールに泳ぎに行く
	for lunch	昼食を食べに行く
	to work	仕事に行く

●状態

go	bad	(食べ物が)腐る
	crazy	気が変になる
	quiet	静かになる

have

動❶を持っている
❷(仕事などが)ある
❸を食べる、飲む

助❶もう…してしまった
❷…したことがある
❸ずっと…している

[hǽv ハヴ]

共通イメージ

自分の手に持っている状態

動❶を持っている
have a car
車を持っている

動❷(仕事などが)ある
have an English class
英語の授業がある

動❸を食べる、飲む
have breakfast
朝食を食べる

助❶もう…してしまった
have done my homework
宿題をしてしまった

助❷…したことがある
have read the book twice
その本を2回
読んだことがある

助❸ずっと…している
have been in Tokyo for one year
東京に1年間いる

使えるコーパスフレーズ

have + 名詞	① **have a look (at ...)**	(…)を見る
	② **have a good time**	楽しい時間を過ごす
	③ **have money**	お金がある
have + 過去分詞	① **have been ...**	ずっと…である
	② **have seen ...**	…を見たことがある

▶▶▶ **have**のイメージ

具体的なものに限らず、状態や動作などを「所有している」イメージ。

▶ ▶ ▶ haveで言ってみよう！

● 具体的なもの

have		
	a **book** in my hand	手に1冊の本を持っている
	a **camera**	カメラを持っている
	blue **eyes**	青い目をしている

● 仕事・義務

have		
	a lot of **homework**	宿題がたくさんある
	no **school** on Sundays	日曜日には学校がない

● 動作

have		
	a **look** at him	彼を見る
	a **walk**	散歩する
	some **bread**	パンを少し食べる
	lunch at noon	正午に昼食を食べる
	a cup of **coffee**	コーヒーを1杯飲む

● 状態

have		
	an **idea**	考えがある
	a **problem**	問題がある
	a lot of **experience**	豊富な経験がある
	a **cold**	かぜをひいている
	rain	雨が降る

look

❶見る
❷…に見える

[lúk ルク]

自分から見ようと思って注意して見る

❶見る

look at the picture
その絵を見る

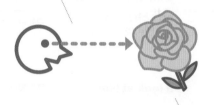

❷…に見える
look good
よさそうに見える

使えるコーパスフレーズ

look at + 名詞	① **look at page ...**	…ページを見る
	② **look at the figure(s)**	その図[数字]を見る
	③ **look at A's face**	A（人）の顔を見る
look + 形容詞	① **look good**	よさそう（おいしそう, かっこいいなど）
	② **look great**	すばらしく見える

▶ ▶ ▶ **look**のイメージ

seeとは違い、自分から見ようと思って「意識的に見る」イメージの語。

▶ ▶ ▶ **look**で言ってみよう！

●具体的なもの

look	at her face	彼女の顔を見る
	at each other	お互いに顔を見合わせる
	at the map	地図を見る
	at page 2	2ページを見る
	up at the moon	月を見上げる
	at the picture	絵を見る
	at the blackboard	黒板を見る
	at the sky	空を見る
	carefully	注意して見る

●評価・様子

look	bad	悪く見える
	better	よりよく見える
	happy	幸せそうに見える
	nice	すてきに見える
	surprised	驚いているように見える
	tired	疲れているように見える
	the same	同じように見える

make

❶ を作る
❷ を整える、用意する
❸ …をする
❹ …に（むりやり）…させる
❺ を…にする

[méik メイク]

共通イメージ

ものに手を加えて作り変える

❶を作る
make a box
箱を作る

❷を整える、用意する
make a meal
食事をつくる

❸…をする
make a fire
火をたく

❹…に（むりやり）…させる
make him go
彼を行かせる

❺…を…にする
make her happy
彼女を幸せにする

使えるコーパスフレーズ

make + 名詞	① **make a point**	ひとこと言う
	② **make sense**	理解できる
	③ **make money**	お金をかせぐ
make + 動詞の名詞形	① **make a difference**	変化をもたらす
	② **make a decision**	決定する

▶ ▶ ▶ makeのイメージ

手を加えて何かを作るイメージの語。ものに限らず、「状態をつくる→状態にする」という意味にもなる。

▶ ▶ ▶ makeで言ってみよう！

●具体的なもの

make		
	a box	箱を作る
	a dress	ドレスを作る
	coffee	コーヒーをいれる
	tea	お茶をいれる
	a cake	ケーキを作る
	breakfast	朝食を作る
	a movie	映画を作る

●抽象的なもの・動作・行為

make		
	a plan	計画を立てる
	good grades	よい成績を取る
	a noise	音を立てる
	an effort	努力する
	progress	進歩する
	a mistake	間違える
	a visit	訪問する
	a trip	旅行する
	a speech	演説をする
	a stop	停止する

put

[pút プト]

❶を置く
❷を(ある状態)にする
❸を言い表す

共通イメージ

置く

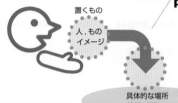

❷を(ある状態)にする
put him in danger
彼を危険にさらす

置くもの

人, もの
イメージ

❶を置く
put a cup on the table
テーブルにコップを置く

具体的な場所
状況, 場面
置く場所

❸を言い表す
put into words
言葉で言い表す

使えるコーパスフレーズ

put + 名詞	① **put money in[on] ...**	…にお金を入れる(かける)
	② **put pressure on ...**	…にプレッシャーをかける
	③ **put one's hand on ...**	手を…にのせる
put + 前置詞・副詞	① **put on**	(服を)着る、(電気を)つける
	② **put in**	設置する、(労力を)つぎこむ

▶▶▶ putのイメージ

ものや状態をどこかに「位置させる」イメージの語。日本語にする場合には「置く」だけではなく、置くものによって「入れる」「かける」などとなる。

▶▶▶ putで言ってみよう！

●身近なもの

	water in the vase	花瓶に水を注ぐ
	the chair	そのいすを置く
	a book on the table	本をテーブルの上に置く
	my hand on his shoulder	手を彼の肩の上に置く
	coins in the vending machine	自動販売機にコインを入れる
	the dishes on the shelf	棚の上に皿を置く
put	milk in the coffee	コーヒーにミルクを入れる
	the food on the dish	皿に食べものを入れる
	a world map on the wall	壁に世界地図を貼る
	a coat on the hanger	コートをハンガーにかける
	a stamp on the envelope	封筒に切手を貼る
	my head out of the window	窓から頭を出す
	my ear to the wall	壁に耳を当てる

●抽象

	my money in the bank	銀行にお金を預ける
put	my name	名前を記入する
	pressure on you	あなたにプレッシャーを与える

see

❶を見る、が見える
❷に会う
❸がわかる

[síː スィー]

共通イメージ

自然と目に入ってくる

❶を見る、が見える

see a bird
鳥を見る

❷に会う

see my uncle
おじに会う

❸がわかる

see what you say
あなたの言うことがわかる

使えるコーパスフレーズ

see + 具体的な名詞	① **see people [a man]**	人[男の人]が見える、人に会う
	② **see things**	ものが見える
	③ **see a movie**	映画を見る
see + 抽象的な名詞	① **see your point**	君の言いたいことがわかる
	② **see the reason**	理由がわかる

▶▶▶ see のイメージ

lookとは違い、自然と目に入ってきて「見る」イメージの語。目に見えない抽象的なものが「わかる」場合にも用いられる。

▶ ▶ ▶ seeで言ってみよう！

●具体的なもの

	people from foreign countries	外国人を見かける
	a beautiful flower	美しい花を見る
	my picture	私の絵を見る
	page 100	100ページを見る
	Mt. Fuji	富士山を見る
see	you again	「またね」（あいさつ）
	an old friend	旧友に会う
	my grandmother	祖母に会う
	a doctor	医者に診てもらう
	his face	彼の顔を見る

●抽象的なもの

	the reason	理由がわかる
	the difference	違いがわかる
	an end	終わりを見届ける
see	a problem	問題があるのがわかる
	what you mean	君の言う意味がわかる
	how I can make it	どうしたらうまくいくかわかる

take

❶ を持って行く、連れて行く
❷ に乗る
❸ (ある行動を)する、とる
❹ (時間など)をとる
❺ (授業など)を受ける
❻ (写真など)をとる

[téik テイク]

共通イメージ

持って行く

❶ を持って行く、連れて行く

take my son to the park
息子を公園に連れて行く

❹ (時間など)をとる

take five months
5か月かかる

話題の中心

❷ に乗る

take a bus
バスに乗る

❺ (授業など)を受ける

take an English class
英語の授業を受ける

❸ (ある行動を)する、とる

take a bath
風呂に入る

❻ (写真など)をとる

take a picture
写真を撮る

使えるコーパスフレーズ

take + 名詞	① **take** place	起こる、開催される
	② **take** care	注意する
	③ **take** time	時間がかかる
take + 人·物 + to + 名詞	① **take ... to** court	…を訴える
	② **take ... to** school	…を学校に送って行く

▶ ▶ ▶ take のイメージ

何かを手に取って「持って行く」イメージの語。

▶ ▶ ▶ takeで言ってみよう！

● 身近なもの

take		
	an umbrella with me	傘を持って行く
	my dog for a walk	犬を散歩に連れて行く
	my sister to school	妹を学校に連れて行く

● 動作

take		
	a walk	散歩をする
	a rest	休憩する
	a drive	ドライブをする
	a look at this picture	この写真を見る
	a hot bath	熱いお風呂に入る
	action	行動をとる
	photos	写真を撮る
	a deep breath	深呼吸をする

● 乗り物

take		
	a taxi from the airport	空港からタクシーに乗る
	the wrong train	間違った電車に乗る

● 飲む・食べる

take		
	medicine	薬を飲む
	a meal	食事をする

tell

❶ を言う
❷ を知らせる、教える
❸ がわかる
❹ …するように言う［命令する］

[tél テル]

共通イメージ

人と人の間を情報が行き来する

❶ を言う
tell a story
話をする

❸ がわかる
tell the difference
違いがわかる

❷ を知らせる、教える
tell my address
住所を教える

❹ …するように言う［命令する］
tell her to come here
彼女にここに来るように言う

使えるコーパスフレーズ

tell + 名詞	① **tell the truth**	本当のことを言う
	② **tell time**	時計の読み方がわかる
	③ **tell a lie**	うそをつく
tell + A(人) + to + 動詞	① **tell A to get ...**	…を手に入れるようAに言う
	② **tell A to do ...**	…をするようにAに言う

▶▶▶ tell のイメージ

「情報を言葉で伝える」イメージの語。相手に何かを伝えたい内容が具体的にある場合に用いる。

▶ ▶ ▶ tellで言ってみよう！

●言葉

tell	the truth	真実を言う
	a big lie	大うそをつく
	a bad joke	悪い冗談を言う

●情報

tell	me about the story	その物語について私に話す
	her about UFOs	彼女にUFOの話をする
	you something important	あなたに重要なことを言う
	you my opinion	私の意見を君に言う
	you the way to the store	その店への道を君に教える
	them a wrong address	彼らに間違った住所を教える
	her my son's name	彼女に私の息子の名前を教える

●指示・命令

tell	us to play outside	私たちに外で遊ぶように言う
	us to read the book	私たちにその本を読むように言う
	him to come at once	彼にすぐに来るように言う

about

❶ (話題・ことがら) **について**　**❸** (場所) **のあたりを[に]**
❷ …**頃に、およそ…で**

イメージ
…のすぐそば

❶ talk about the World Cup	ワールドカップについて話す
❷ about fifty people	およそ50人
❸ look about him	彼のあたりを見回す

after

❶ …**のあとに[の]**　**❸** …**のあとを追って**
❷ **次々に**

イメージ
順序があと

❶ after school	放課後
❷ day after day	日々
❸ run after a cat	ネコを追いかける

at

❶ (場所) …**に、…で**　**❹** (値段・程度・割合・速度など) …**で**
❷ (時間) …**に**　**❺** …**の点において**
❸ (ねらい・対象) …**に向かって**

イメージ
広い範囲の中の一点

❶ at home	家で
❷ at the start of the year	年の初めに
❸ smile at a child	子どもに向かって笑う
❹ at a low price	低価格で
❺ be good at tennis	テニスが得意だ

before

❶ (時間) …**の前に**　**❷** (位置) …**の前に**

イメージ
前方

| **❶** before sunrise | 日の出前に |
| **❷** before her eyes | 彼女の目の前に |

between

❶ (2つのものや人) **の間に[で、を、の]**　**❷** (2人以上) **で共有して**
❸ (2つ以上の選択肢) **の中から**

イメージ
2つのものの間にある

❶ between two and three o'clock	2時から3時の間に
❷ between you and me	あなたと私の間だけで（ここだけの話だが）
❸ choose between the two	2つの中から選ぶ

| **by** | ❶ (行為をする人・原因)…**によって** | ❸ (期限)…**までに(は)** |
| | ❷ (手段・方法)…**によって、…で** | ❹ (場所)…**の(すぐ)そばに** |

イメージ 他のもののそば	❶ a book by Soseki	漱石によって書かれた本
	❷ by car	車で
	❸ by the end of this month	今月末までに
	❹ walk by me without noticing	気づかずに私のそばを歩く

for	❶ (利益・用途・対象)…**のために**	❹ (期間・距離)…**の間**
	❷ (目的・目指す対象)…**のために**	❺ (関連)…**について(は)**
	❸ (目的地)…**に向かって**	❻ (視点)…**にとって**

イメージ 向かっていく先	❶ run for my health	健康のために走る
	❷ cry for help	助けを求めて叫ぶ
	❸ a train for Osaka	大阪行きの電車
	❹ for a long time	長い間
	❺ Thank you for coming.	来てくれてありがとう。
	❻ too difficult for me	私にとってあまりに難しい

| **from** | ❶ (出発点・起点)…**から(の)** | ❸ (原因・理由)…**から、…のために** |
| | ❷ (時間)…**から(の)** | ❹ (原料・材料)…**から、…で** |

イメージ 始点	❶ fly from Narita to Sydney	成田からシドニーまで飛行機で行く
	❷ from ten o'clock	10時から
	❸ suffer from a cold	風邪のために苦しむ
	❹ be made from grapes	ブドウから造られる

| **in** | ❶ (場所・状況)…**(の中)に[で]、**
(乗り物)**に乗って** | ❸ (状態・方法・材料)…**(の状態)で** |
| | ❷ (時間・時の経過)…**に、…のうちに** | ❹ (服装)…**を着て** |

イメージ 範囲の中	❶ play in the house	家の中で遊ぶ
	❷ in 1997	1997年に
	❸ in good health	健康で
	❹ dress in white	白い服を着る

into

❶ (内部への動き)…の中へ	❸ (変化)…(の状態)に
❷ (方向)…に向かって	

イメージ
あるものの内部に
向かって

❶ come into the room	部屋の中へ来る
❷ look into my eyes	私の目を見る
❸ be made into wine	ワインに加工される

of

❶ (全体)…の(中の)	❺ (原材料・構成要素)…で(できている)
❷ (所有者・所属先・範囲)…の	
❸ (部分・中身)…の(入った)	❻ (起源・原因)…から(出た)
❹ (同格関係)…という	

イメージ
あるものの一部

❶ one of the boys	少年たちの中の1人
❷ a member of the baseball club	野球部の一員
❸ a cup of tea	1杯のお茶
❹ the name of Ken	ケンという名前
❺ be made of wood	木製である
❻ die of cancer	がんで死ぬ

on

❶ (接触・固定)…の上に	❹ (近接・位置)…に(接して[面して])
❷ (期日)…(日)に	
❸ (基礎・根拠)…に基づいて	❺ (目的)…(のため)に、(進行)…(の途中)で

イメージ
接している

❶ a painting on the wall	壁にかかっている絵
❷ on Sunday	日曜日に
❸ a plan on his advice	彼の助言に基づいた計画
❹ a hotel on the lake	湖のほとりのホテル
❺ on my way home	帰る途中で

over

❶ (一面)…の一面に	❸ (反対側への動き・反対側の位置)…を越えて
❷ (上の位置)(おおうように)…の上に	
	❹ (時間・距離)…にわたって

イメージ
上をおおう

❶ travel over Europe	ヨーロッパ中を旅行する
❷ a bridge over the river	川の上の橋
❸ countries over the sea	海の向こうの国々
❹ over the last 10 years	ここ10年にわたって

to	❶ (行き先・到着点・方向)…へ、…に	❹ (範囲の終わり側)…まで
	❷ (相手・対象)…に対して	❺ (対比・比較)…に対して
	❸ (結果・到着点)…に(なるまで)	❻ (所属・付属・対応)…に(属する)

イメージ
到着点まで

	❶ go to school	学校に行く
	❷ listen to music	音楽を聴く
	❸ grow to a hundred feet	100フィートの高さに育つ
	❹ from Monday to Friday	月曜日から金曜日まで
	❺ win the game 11 to 7	その試合に11対7で勝つ
	❻ the key to the door	そのドアの鍵

| **under** | ❶ …の下に | ❸ …未満で |
| | ❷ (条件・所属・分類)…のもとで | ❹ …中で、…されていて |

イメージ
真下に

	❶ have a book under my arm	脇の下に本を抱える
	❷ under the law	法の下で
	❸ children under six	6歳未満の子どもたち
	❹ under construction	建設中である

with	❶ (共同)…と(いっしょに)	❹ (手段・道具など)…を使って
	❷ (所有・付属)…を持っている	❺ (立場・関連)…にとって(は)、…について
	❸ (相手・対応)…と、…に(対して)	❻ (原因・理由)…(のせい)で

イメージ
同じ時間・場所で

	❶ play with a dog	イヌといっしょに遊ぶ
	❷ a woman with her baby in her arms	赤ちゃんを抱いている女性
	❸ be in love with her	彼女に恋をしている
	❹ cut an apple with a knife	ナイフでリンゴを切る
	❺ What's the problem with you?	どうしたのですか(あなたについての問題は何ですか)。
	❻ be in bed with a cold	風邪で寝込んでいる

1 ☐☐ **and**	…と…、…そして
2 ☐☐ **but**	しかし、だが
3 ☐☐ **or**	または、あるいは
4 ☐☐ **nor**	…もまた…ない
5 ☐☐ **so**	そういうわけで
6 ☐☐ **for**	…だから
7 ☐☐ **because**	…だから
8 ☐☐ **since**	（時間）…以来、（原因）…なので
9 ☐☐ **though**	だが、…にもかかわらず
10 ☐☐ **if**	もし…ならば
11 ☐☐ **than**	…より（も）
12 ☐☐ **when**	…するとき（には）
13 ☐☐ **till/until**	（…する）まで（ずっと）
14 ☐☐ **before**	…する前に、…しないうちに
15 ☐☐ **after**	…したあとで［に］
16 ☐☐ **while**	…の間（ずっと）
17 ☐☐ **as**	（…する）ように
18 ☐☐ **whether**	…かどうか

CROWN Chunk Builder

Basic

LEVEL

1

CEFR-J A1レベル

<table>
<tr><td rowspan="4">学習する・教える</td></tr>
</table>

□□□ 0001	英語を勉強する	**study** English
□□□ 0002	日本語を教える	**teach** Japanese
□□□ 0003	スペイン語を学ぶ	**learn** Spanish
□□□ 0004	努力し続ける	keep **trying**

学習する・教える

□□□ 0005	線を引く	put a **line**
□□□ 0006	一例を示す	give an **example**
□□□ 0007	宿題をする	do my **homework**
□□□ 0008	コピーをとる	make a **copy**
□□□ 0009	フランス語の文	French **sentences**
□□□ 0010	学校に着く	**get** to school

学校生活について話す

study と learn

studyとlearnは似た意味だが、studyは「勉強する」という動作そのものを意味し、learnは「（勉強した結果）知識やスキルなどを得る」ことに重点を置く。したがって、「私は毎日英語を勉強する」というときは、○I study English every day. と言い、×I learn English every day. とは言わない。

study [stʌ́di スタディ]	他 自 (を)勉強する 名 勉強
teach [tíːtʃ ティーチ] 活 taught-taught	他 を教える ▶ téacher 名 教師
learn [lə́ːrn ラーン] 活 learned-learned learnt-learnt [lə́ːrnt ラーント]	他 ①を学ぶ ②を覚える learn to do …することができるようになる
try [trái トライ]	自 他 ①(を)努力する、やってみる ②(を)試してみる、試す ③(に)努める try to do …しようと試みる、努める try doing 試しに…してみる ▶ trial 名 裁判、試み
line [láin ライン]	名 ①線 ②列 他 ①を列に並べる ②に線を引く
example [igzǽmpl イグザンプル]	名 例
homework [hóumwə̀ːrk ホウムワーク]	名 宿題
copy [kápi カピ]	名 ①コピー、写し ②(本や雑誌の)部、冊 他 ①のコピーをとる ②を写す
sentence [séntəns センテンス]	名 文
get [gét ゲト] 活 got-got [gotten]	自 着く 他 ①を買う ②を得る、手に入れる get on A A(乗りもの)に乗る

try to do と try doing の意味の違い

どちらも「…しようとする」の意味だが、try to do は「(できないかもしれないけれど) これからやってみる」、try doing は「試しにやってみる」という意味。

I tried to get up early but couldn't. 「早く起きようとしたができなかった」
I tried getting up early. 「試しに早く起きてみた」

☐☐☐ 0011 家族を紹介する	**introduce** my family
☐☐☐ 0012 彼をボブと呼ぶ	**call** him Bob
☐☐☐ 0013 赤ちゃんを出産する	give **birth** to a baby
☐☐☐ 0014 18歳の時に	at the **age** of 18
☐☐☐ 0015 アメリカ合衆国に住む	**live** in the USA
☐☐☐ 0016 この都市に来る	come to this **city**
☐☐☐ 0017 自分の家を持っている	have my **own** home
☐☐☐ 0018 車を運転する	**drive** a car
☐☐☐ 0019 その病院で働く	**work** at the hospital
☐☐☐ 0020 映画を観る	watch **movies**

自己紹介

自己紹介をするときは、**Let me introduce myself.**「自己紹介させてください」で始めるとよい。また、自分を誰かに紹介してほしいと頼むときは、**Could [Will, Would] you introduce me to him?**「私を彼に紹介していただけませんか」と言う。

introduce [ìntrədjúːs イントロデュース]	他 ①を紹介する ②を導入する ▶ introdúction 名 紹介
call [kɔ́ːl コール]	他 自 ①(と)呼ぶ、(を)呼ぶ ②に電話する 名 ①電話 ②呼び声 call for A　Aを要求する call A B　AをBと呼ぶ call A off　Aを中止する
birth [bə́ːrθ バース]	名 出産、誕生
age [éidʒ エイヂ]	名 ①歳、年齢 ②時代
live [lív リヴ]	自 ①住む ②生きる 形 [láiv ライブ] ①生きている ②生放送の、ライブの ▶ life 名 生命、生活
city [síti スィティ]	名 都市、市
own [óun オウン]	形 ①自分(自身)の ②自分[それ]独特の 代 自分自身のもの 他 を所有している
drive [dráiv ドライヴ] 活 drove-driven	他 自 (を)運転する 名 ドライブ、運転 ▶ dríver 名 運転手
work [wə́ːrk ワーク] 発	自 (…で)働く、(…に)勤めている(at, for) 名 ①仕事、労働 ②作品
movie [múːvi ムーヴィ]	名 映画(=fílm)

STEP 1

🐻 work at / work for / work on

「〜で働く」と勤務先を言うときは、〈work at ＋勤務先〉がニュートラルな言い方。〈work for ＋勤務先〉でもよいが、「雇われている」ということを強調した言い方になるため嫌う人もいる。なお、work on は、「〜に取り組む」という意味。

John is working on a movie. 「ジョンは映画(の制作)に取り組んでいる」

事実や情報を伝える ②

見たり聞いたりしたことについて話す

□□□ 0021 空を見る	**look** at the sky
□□□ 0022 写真を見せる	**show** a photo
□□□ 0023 何も言わない	**say** nothing
□□□ 0024 白い鳥が見える	**see** a white bird
□□□ 0025 彼の歌を聞く	**hear** his song
□□□ 0026 黒いコートを着ている	**wear** a black coat
□□□ 0027 その日を覚えている	**remember** the day

具体的な計画について話す

□□□ 0028 計画を作る	make a **plan**
□□□ 0029 夏休み	the summer **vacation**
□□□ 0030 商売をする	do **business**

look at と watch の違い

どちらも「を見る」という意味だが、lookは視線を動かす動作そのものであるため、look atは「に目を向ける」という意味になる。対してwatchは「をじっと見る」の意味。

look
[lúk ルク]

- 自 ① (…を)見る (at)　②に見える
- 他 を調べてみる
- 名 見ること
  look for A　Aを探す

show
[ʃóu ショウ]
活 showed-shown [showed]

- 他 を見せる、示す
- 名 ショー、展覧会

say
[séi セイ]
活 said-said

- 他 ①を言う、(…ということ)を言う(that節)
  　②と書いてある
- 自 言う

see
[síː スィー]
活 saw-seen

- 他 ①が見える、を見る　②がわかる　③に会う
  ▶ síght 名 視力、見ること

hear
[híər ヒア]
活 heard-heard [hə́ːrd ハード]

- 他 ①を聞く、が聞こえる　②を聞いて知る
  hear A do [doing]　Aが…する[している]のが聞こえる
  hear from A　Aから連絡をもらう
  hear of A　Aのことを聞く、Aのうわさを聞く

wear
[wéər ウェア] 発
活 wore-worn

- 他 を着ている、身につけている

remember
[rimémbər リメンバ]

- 他 を覚えている、思い出す
  remember to do　忘れずに…する
  remember doing　…したことを覚えている

plan
[plǽn プラン]

- 名 計画、案、プラン
- 他 を計画する

vacation
[veikéiʃən ヴェイケイション]

- 名 休暇、休日 (=hóliday)

business
[bíznəs ビズネス] 発

- 名 ①商売　②仕事、職業

see の意味

　seeも「を見る」という意味だが、「自然と目に入ってくる」というイメージがあり、何かが自分の目に飛び込んできて、それを理解する状態を表している。

事実や情報を伝える ❸

スケジュール・予定について話す

□□□ 0031	
今日は忙しい	be **busy** today

□□□ 0032	
30分節約する	**save** 30 minutes

□□□ 0033	
休暇を過ごす	**spend** my holidays

□□□ 0034	
時間がない	have no **time**

□□□ 0035	
日本を離れてアメリカへ向かう	**leave** Japan for America

□□□ 0036	
神戸駅に到着する	**arrive** at Kobe Station

□□□ 0037	
7時に到着の予定だ	be **due** at seven

□□□ 0038	
午前10時に始まる	**begin** at 10 a.m.

□□□ 0039	
仕事を終える	**finish** my work

□□□ 0040	
翌日	the **following** day

spendの語法

▶ spend A on B「A（時間・金）をBに費やす」
▶ spend A (in) doing「Aを…して費やす」
  I spent 30 minutes on homework.「宿題に30分間費やした」
  I spent three days in writing a report.「レポートを書くのに3日間費やした」

busy [bízi ビズィ]	形 ①忙しい　②にぎやかな ③(電話が)話し中で
save [séiv セイヴ]	他 ①を節約する　②を救う、助ける ③を蓄える
spend [spénd スペンド] 活 spent-spent	他 ①(時間)を過ごす、費やす　②(お金)を使う spend A in B [(in) doing]　BするのにA(時間)をかける spend A on B　A(お金)をBに費やす
time [táim タイム]	名 ①時間、時　②時刻　③回、倍
leave [líːv リーヴ] 活 left-left	他 ①を離れる、去る　②を置き忘れる　③を残す ④を…のままにしておく 自 出発する leave A B　BをA(のため)に残す
arrive [əráiv アライヴ]	自 (…に)到着する、着く(at, in, on) (=réach)(⇔léave を離れる) ▶ arríval 名 到着
due [djúː デュー]	形 ①到着の予定で、(…する)予定で ②当然支払われるべき be due to do　…するはず[予定]だ due to A　Aのせいで
begin [bigín ビギン] 活 began-begun	自 始まる、始める(⇔énd, fínish 終わる、を終える) 他 を始める begin to do [doing]　…し始める ▶ begínning 名 始め、始まり
finish [fíniʃ フィニシュ]	他 を終える、終わらせる 自 終わる　名 終わり finish doing　…することを終える
following [fálouiŋ ファロウイング]	形 次の、次に続く(=néxt) ▶ fóllow 他 自 (に)続いて起こる

🐻 leave は「離れて去る」

leave には「何かから離れて去る」というコアイメージがある。「離れて去る」は、「何かをそのままにして」離れていくことである。そのイメージから「を離れる」と、「を置き忘れる」「のままにしておく」という意味が出てくる。

例文でCHECK!!

☐ 0001	私たちは毎日英語を勉強する。	We <u>study</u> <u>English</u> every day.
☐ 0002	鈴木先生はマイクに日本語を教えている。	Mr. Suzuki <u>teaches</u> <u>Japanese</u> to Mike.
☐ 0003	私は父からスペイン語を学んだ。	I <u>learned</u> <u>Spanish</u> from my father.
☐ 0004	努力し続ければ、君の夢はかなうよ。	<u>Keep</u> <u>trying</u> and your dreams will come true.

☐ 0005	彼女は地面に線を引いた。	She <u>put a line</u> on the ground.
☐ 0006	あなたに一例を示しましょう。	I will <u>give</u> you <u>an</u> <u>example</u>.
☐ 0007	私は宿題をしなくてはならない。	I have to <u>do my homework</u>.
☐ 0008	彼はそのファイルのコピーをとった。	He <u>made a copy</u> of the file.
☐ 0009	彼は短いフランス語の文を書くことができる。	He can write short <u>French</u> <u>sentences</u>.
☐ 0010	私は8時10分に学校に着いた。	I <u>got to school</u> at 8:10.

☐ 0011	私はみんなに家族を紹介した。	I <u>introduced my family</u> to everyone.
☐ 0012	私たちは彼をボブと呼ぶ。	We <u>call</u> <u>him</u> Bob.
☐ 0013	彼女は今朝赤ちゃんを出産した。	She <u>gave</u> <u>birth</u> <u>to a baby</u> this morning.
☐ 0014	おじは18歳の時にオーストラリアへ行った。	My uncle went to Australia <u>at the age of</u> <u>18</u>.
☐ 0015	私たちはアメリカ合衆国に住むために東京を離れた。	We left Tokyo to <u>live in the USA</u>.
☐ 0016	私の父は若い時にこの都市に来た。	My father <u>came to this city</u> when he was young.
☐ 0017	私はニューヨークに自分の家を持ちたい。	I want to <u>have my own home</u> in New York.
☐ 0018	私の兄は週末に車を運転することを楽しむ。	My brother enjoys <u>driving his car</u> on the weekend.
☐ 0019	私の母はその病院で働いている。	My mother <u>works at the hospital</u>.
☐ 0020	日曜日には、私は家で映画を観る。	On Sundays, I <u>watch movies</u> at home.

見たり聞いたりしたことについて話す	0021 夜空を見たら、たくさんの星が見えた。	I saw a lot of stars when I looked at the night sky.
	0022 私は彼に仙台の写真を見せた。	I showed him a photo of Sendai.
	0023 彼は自分の家族について何も言わなかった。	He said nothing about his family.
	0024 向こう側に白い鳥が見えるよ。	I can see a white bird over there.
	0025 私はラジオで彼の歌を聞いた。	I heard his song on the radio.
	0026 彼は1月に黒いコートを着ていた。	He wore a black coat in January.
	0027 私は私のイヌが家に来た日を覚えている。	I remember the day when my dog came to our home.
具体的な計画について話す	0028 私たちはそのパーティーについて計画を作らなければならない。	We have to make a plan about the party.
	0029 あなたは夏休みにどこへ行きますか。	Where will you go for the summer vacation?
	0030 私たちは君と商売をするつもりはない。	We're not going to do business with you.
スケジュール・予定について話す	0031 父は今日は忙しい。	My father is busy today.
	0032 この道を行けば、私たちは30分節約できるよ。	We can save 30 minutes if we go this way.
	0033 私は札幌で休暇を過ごすつもりだ。	I'm going to spend my holidays in Sapporo.
	0034 君と話している時間がない。	I have no time to talk to you.
	0035 彼は飛行機で日本を離れてアメリカへ向かった。	He left Japan for America by plane.
	0036 その電車は、午後3時に神戸駅に到着した。	The train arrived at Kobe Station at 3 p.m.
	0037 その料理人は7時に到着の予定だ。	The cook is due at seven.
	0038 その会議は午前10時に始まる予定だ。	The meeting will begin at 10 a.m.
	0039 午後6時までには仕事を終えるよ。	I will finish my work by 6 p.m.
	0040 私たちは翌日再び会った。	We met again on the following day.

数量について話す

☐☐☐ 0041 私のすべての友人たち	**all** my friends
☐☐☐ 0042 どの通りも	**every** street
☐☐☐ 0043 私たちそれぞれ	**each** of us
☐☐☐ 0044 多くの日数	**many** days
☐☐☐ 0045 何本かの鉛筆を持っている	have **some** pencils
☐☐☐ 0046 兄弟がひとりもいない	don't have **any** brothers
☐☐☐ 0047 もう1枚のシャツ	**another** shirt
☐☐☐ 0048 生徒たちの半分	**half** of the students
☐☐☐ 0049 子どもたちの4分の1	a **quarter** of the children
☐☐☐ 0050 1枚の紙	a **piece** of paper

代名詞＋of＋the＋複数名詞

all, each, many, any はそれぞれ代名詞としても使う。代名詞のときは、〈all [each, many, any] ＋ of the ［所有格］）＋複数名詞〉の形がふつう。

all of the students「生徒全員」　each of the students「生徒それぞれ」
many of the students「生徒の多く」　any of the students「生徒の誰でも」

all [ɔ́:l オール]	形 すべての、全部の 代 すべての人 副 まったく、すっかり
every [évri エヴリ]	形 ①どの…も　②毎…、…ごとに 　　③《否定文で》どの…も〜というわけでは（ない）
each [í:tʃ イーチ]	代 それぞれ 形 それぞれの、各… 　　each of A　A(の)それぞれ
many [méni メニ] 変 more-most	形 多くの、多数の 代 多数、多く
some [sʌ́m サム]	形 いくつかの、いくらかの 代 いくつか、いくらか
any [éni エニ]	形 ①《否定文で》ひとつ[ひとり]の…も 　　②いくつかの、いくらかの 　　③どんな…も 代 どれでも、誰でも
another [ənʌ́ðər アナザ]	形 もうひとつの、別の、もうひとりの 代 もうひとつのもの[もうひとり]
half [hǽf ハフ]	名 ①半分　②(時刻の)半、30分 形 半分の
quarter [kwɔ́:rtər クウォータ]	名 ①4分の1　②15分(間)
piece [pí:s ピース]	名 1枚、1つ、ひとかけら 　　a piece of A　1つのA《※Aは不可算名詞》

everyの使い方

everyの後ろにくる名詞は単数形になることに注意。

　×**every boys**

　○**every boy**「すべての少年」

もののサイズやデザインについて話す

□□□ 0051	そのテーブルの大きさ	the **size** of the table
□□□ 0052	大きいケーキ	a **big** cake
□□□ 0053	平らな土地	**flat** land
□□□ 0054	私には小さい	**small** for me
□□□ 0055	長いパンツ	**long** pants
□□□ 0056	短いリボン	**short** ribbons
□□□ 0057	きついTシャツ	a **tight** T-shirt
□□□ 0058	花柄	a flower **design**
□□□ 0059	ある種類の車	a **type** of car
□□□ 0060	お金の一形態	a **form** of money

bigとlargeの違い

bigは主観的な感覚で「大きい」ことを表す単語で、「でかい」というニュアンスがある。largeは客観的に「サイズが大きい」を示す単語であり、自分の感覚は入らない。

size [sáiz サイズ]	名 大きさ、サイズ
big [bíg ビグ] 変 bigger-biggest	形 大きい(⇔ líttle 小さい)
flat [flǽt フラト]	形 ① 平らな　② パンクした 名 ① 平面、平たいもの　② アパート
small [smɔ́:l スモール]	形 小さい(⇔ lárge, bíg 大きい)
long [lɔ́:ŋ ローング]	形 長い(⇔ shórt 短い) 自 切望する 　　long for A　Aを切望する ▶ length [léŋθ レングス] 名 長さ
short [ʃɔ́:rt ショート]	形 ① 短い(⇔ lóng 長い)　② 不足して 副 急に ▶ shórtly 間もなく、すぐに
tight [táit タイト]	形 ① きつい、ぴんと張った(⇔ lóose ゆるい) 　　② 締まった、きっちりした　③ 厳しい
design [dizáin ディザイン]	名 ① 柄、模様　② デザイン 他 ① の図案[意匠]を作る、をデザインする 　　② を設計する
type [táip タイプ]	名 種類、型 他 をキーボードで打つ
form [fɔ́:rm フォーム]	名 ① 形(態)、型　② (申込)用紙 他 を形作る ▶ fórmal 形 正式の、形式的な

動詞 long

　longは前置詞のforとセットでlong for「を切望する」という動詞の意味もある。
look for「を探す」から考えても、forには何かを求めるニュアンスがあるので、その
意味が加わると理解するとよい。

　We longed for summer.「私たちは夏を切望した」

学習日　　/　　/　　/　　　**81**

行動を相手に説明する ❶

□□□ 0061 水を運ぶ	**carry** water
□□□ 0062 鳥を捕まえる	**catch** a bird
□□□ 0063 そのボタンに触れる	**touch** the button
□□□ 0064 そのドアを押す	**push** the door
□□□ 0065 その机を動かす	**move** the desk
□□□ 0066 そのいすを置く	**put** the chair
□□□ 0067 鍵を回す	**turn** the key
□□□ 0068 木々を揺さぶる	**shake** the trees
□□□ 0069 ジャガイモを掘る	**dig** potatoes
□□□ 0070 彼らの歯を磨く	**brush** their teeth

 「かぜを引く」の catch

catchのコアイメージは「動くものを捕まえること」。catch a cold で「かぜを引く」という意味となるが、これは空気中にいる菌を捕まえることから生まれた表現である。

82 LEVEL 1 Ⓐ

carry [kǽri キャリ]	他 を運ぶ、持って行く
catch [kǽtʃ キャチ] 活 caught-caught	他 ①を捕まえる、捕る　②を見つける、に気づく 　③(バス・列車など)に間に合う
touch [tʌ́tʃ タチ]	他 ①に触れる、さわる　②を感動させる 名 触れること、感触 　touch A on the B　AのB(体の部位)に触れる
push [púʃ プシュ]	他 ①を押す(⇔ púll を引く)　②に強要する
move [múːv ムーヴ]	他 ①を動かす　②を感動させる 自 動く、引っ越す 名 動き ▶ móvement 名 運動、動き
put [pút プト] 活 put-put	他 ①を置く　②を言い表す 　put A off　Aを延期する
turn [tə́ːrn ターン]	他 ①を回す　②をひっくり返す　③を曲がる 自 ①回る　②(…に)なる(into, to) 名 ①回転　②順番
shake [ʃéik シェイク] 活 shook-shaken	他 ①を揺さぶる、振る　②(手)を握る 自 揺れる、震動する 名 振ること 　shake hands　握手する
dig [díg ディグ] 活 dug-dug	他 (地面[穴]・ジャガイモなど)を掘る 自 (地面[穴]を)掘る
brush [brʌ́ʃ ブラシュ]	他 を(ブラシで)磨く、にブラシをかける 名 ブラシ

STEP 2

変化を表す turn

turn は「回る」ことから「変化する」という意味ももつ。
I turned 18 last month.「先月、18歳になった」
Her hair turned white.「彼女の髪は白くなった」

行動を相手に説明する ❷

買いものをする

☐☐☐ 0071 買いものに行く	go **shopping**
☐☐☐ 0072 地図を買う	**buy** a map
☐☐☐ 0073 学校用品	school **items**
☐☐☐ 0074 君への贈りもの	a **gift** for you
☐☐☐ 0075 誕生日プレゼント	a birthday **present**
☐☐☐ 0076 一対のカップ	a **pair** of cups
☐☐☐ 0077 何か特別なもの	something **special**
☐☐☐ 0078 その時計の値段	the **price** of the watch
☐☐☐ 0079 何かほかのもの	anything **else**
☐☐☐ 0080 そのタオルに1,000円支払う	**pay** 1,000 yen for the towel

 目的語を2つとる buy

「A（人）に B（もの）を買う」は buy A B または、buy B for A とする。
I bought my father a tie. 「私は父にネクタイを買った」
= **I bought a tie for my father.**

84　LEVEL 1　A1

80 !!

shopping [ʃɑ́piŋ シャピング]	图 買いもの ▶ shóp 图 小売店
buy [bái バイ] 活 bought-bought	他 を買う (⇔séll を売る)
item [áitəm アイテム]	图 ①品目、項目　②(個々の)記事
gift [gíft ギフト]	图 ①贈りもの《present よりかたい語》　②才能
present [préznt プレズント] ⑦	图 プレゼント、贈りもの(=gíft) 形 ①出席している　②現在の 　at present　現在 他 [prizént プリゼント] を贈る
pair [péər ペア]	图 一対、一組 　a pair of A　一対(組)のA
special [spéʃəl スペシャル]	形 特別の[な]、特殊な、大事な
price [práis プライス]	图 値段、価格、《prices で》物価
else [éls エルス]	副 (その)ほかに[の]
pay [péi ペイ] 活 paid-paid	他 ①を支払う　②(注意・敬意)を払う 自 支払いをする 图 給料、報酬

形容詞の present

「出席している」の意味で present を使う場合、at をいっしょに用いることが多い。
He was present at the meeting. 「彼は会議に出席していた」

数量について話す

☐ 0041	すべての私の友人たちは夜にコンピューターゲームをする。	**All my friends** play computer games at night.
☐ 0042	彼は町のどの通りも知っている。	He knows every street in the town.
☐ 0043	私たちそれぞれがカメラを持っている。	Each of us has a camera.
☐ 0044	その仕事を終えるのに多くの日数がかかった。	It took many days to finish the work.
☐ 0045	私は何本かの鉛筆を持ちあわせている。	I have some pencils with me.
☐ 0046	私の母には兄弟がひとりもいない。	My mother doesn't have any brothers.
☐ 0047	僕は違う色のもう1枚のシャツを手に入れたい。	I want to get another shirt in a different color.
☐ 0048	このクラスの生徒たちの半分は女の子だ。	Half of the students in this class are girls.
☐ 0049	子どもたちの4分の1がそのテストでよい成績を収めた。	A quarter of the children did well in the test.
☐ 0050	彼女は1枚の紙に何かを書いた。	She wrote something on a piece of paper.

もののサイズやデザインについて話す

☐ 0051	そのテーブルの大きさを教えてもらえますか。	Will you tell me the size of the table?
☐ 0052	私は大きなバースデーケーキを作った。	I made a big birthday cake.
☐ 0053	この島には平らな土地がほとんどない。	This island has little flat land.
☐ 0054	この帽子は私には小さい。	This hat is small for me.
☐ 0055	私はその店で長い茶色のパンツを手に入れた。	I got long brown pants at the store.
☐ 0056	子ども用の短いリボンはありますか。	Do you have short ribbons for kids?
☐ 0057	彼はきついTシャツを脱いでいた。	He was taking off a tight T-shirt.
☐ 0058	彼女は花柄のスカートを持っている。	She has a skirt with a flower design.
☐ 0059	君はどんな種類の車を持っていますか。	What type of car do you have?
☐ 0060	私たちはお金の一形態として紙を使っている。	We use paper as a form of money.

手を使ってものに働きかける

0061	若い女性たちは川から自分たちの家へと水を運んだ。	Young women carried water from the river to their home.
0062	私は山で鳥を捕まえた。	I caught a bird in the mountains.
0063	照明をつけるにはボタンに触れてください。	Touch the button to turn the light on.
0064	私はドアを強く押した。	I pushed the door hard.
0065	私たちは壁の方へ机を動かした。	We moved the desk to the wall.
0066	そのいすをテーブルの前に置いてもらえますか。	Can you put the chair in front of the table?
0067	私はドアの鍵を回した。	I turned the key to the door.
0068	生徒たちは木々を揺さぶった。	The students shook the trees.
0069	彼らは畑でジャガイモを掘った。	They dug potatoes in the field.
0070	みんなは寝る前に歯を磨いた。	Everyone brushed their teeth before going to bed.

買いものをする

0071	私の母は朝に買いものに行く。	My mother goes shopping in the morning.
0072	私はこの町の地図を買うつもりです。	I will buy a map of this town.
0073	あなたはこの店で学校用品を買えます。	You can buy school items at this store.
0074	これは君への贈りものです。	This is a gift for you.
0075	私は妹に誕生日プレゼントをあげた。	I gave a birthday present to my sister.
0076	私たちはその店で一対のカップを買った。	We got a pair of cups at the shop.
0077	私はいとこに何か特別なものをあげるつもりだ。	I will give something special to my cousin.
0078	その時計の値段はいくらですか。	What is the price of the watch?
0079	何かほかのものが必要ですか。	Do you need anything else?
0080	私はそのタオルに1,000円支払った。	I paid 1,000 yen for the towel.

話題を広げる ❶

☐☐☐ 0081 バスケットボールをする	**play** basketball
☐☐☐ 0082 バレーボールの練習をする	**practice** volleyball
☐☐☐ 0083 試合に勝つ	**win** a game
☐☐☐ 0084 練習プログラム	a practice **program**
☐☐☐ 0085 毎日運動する	**exercise** every day
☐☐☐ 0086 勝つために戦う	**fight** to win
☐☐☐ 0087 試合を見る	watch the **match**
☐☐☐ 0088 泳ぎ方	how to **swim**
☐☐☐ 0089 ボールを投げる	**throw** a ball
☐☐☐ 0090 川沿いを走る	**run** along the river

🐻 practice に続くのは動名詞

practiceは「…することを練習する」という意味を表す場合、後ろに動名詞を続ける。
I practice speaking English every day.「私は毎日英語を話す練習をする」

88 LEVEL 1 🅰

90 !!

play [pléi プレイ]	他 ① (スポーツなど)をする　②を演奏する 自 遊ぶ 名 ① 遊び　② 劇、演劇
practice [prǽktəs プラクティス]	他 自 (を)練習する 名 練習
win [wín ウィン] 活 won-won [wʌ́n ワン] 発	他 に勝つ、(賞など)を獲得する(⇔ lóse に負ける) 自 勝つ 名 勝利
program [próugræm プロウグラム] 発	名 ① プログラム　② 計画、予定(表)　③ 番組(表)
exercise [éksərsàiz エクササイズ] 発 ア	自 運動する 他 ① (手足など)を動かす 　　② (影響力、力など)を及ぼす、ふるう 名 ① 運動　② 練習(課題)
fight [fáit ファイト] 活 fought-fought	自 戦う 名 戦い、けんか
match [mǽtʃ マチ]	名 ① 試合(= gáme)　② ふさわしい人[もの] 他 ① と調和する　② に匹敵する
swim [swím スウィム] 活 swam-swum	自 泳ぐ ▶ swímming 名 水泳
throw [θróu スロウ] 活 threw-thrown	他 を投げる 　throw A away　A を捨てる
run [rʌ́n ラン] 活 ran-run	自 ① 走る　② 逃げる(away)　③ (機械などが)動く 他 を経営する ▶ rúnning 名 走ること

STEP
3

他動詞としての run

　　run は「を経営する」という意味の際には他動詞として使う。「を走らせる」という
元の意味から考えるとわかりやすい。

My father has been running a company for over ten years.
「私の父は10年以上会社を経営している」

事実や情報を伝える ⑤

複数の人やものについて話す

□□□ 0091	
私の両親	**both** my parents

□□□ 0092	
2011年か2012年のどちらかに	**either** in 2011 or 2012

□□□ 0093	
ほかの人々	**other** people

□□□ 0094	
同じに見える	look the **same**

□□□ 0095	
私のものとは違って	**different** from mine

道案内をする

□□□ 0096	
まっすぐ行く	go **straight**

□□□ 0097	
ビーチへ行く道	the **way** to the beach

□□□ 0098	
かどに	on the **corner**

□□□ 0099	
左に曲がる	turn **left**

□□□ 0100	
道路標識	a street **sign**

bothの使い方

bothには複数の使い方があることに注意する。

Both my parents [Both of my parents] are teachers.「私の両親は先生だ」
Both my father and mother are teachers.「私の父と母はどちらも先生だ」

STEP
3

both [bóuθ ボウス]	形 両方の 代 両方
either [íːðər イーザ]	副 ①…か〜のどちらか、どちらの…でも ②《否定文で》どちらの…も(ない) 形 ①いずれかの ②《否定文で》どちらの…もしない either A or B AかBのいずれか
other [ʌ́ðər アザ]	形 ほかの 代 ①《the otherで》もう一方(のもの[人]) ②《the othersで》ほかのもの[人] the other A (2つの中の)もう一方のA、 (3つの中の)残りのA
same [séim セイム]	形 同じ、同一の(⇔different 違った) 代 《the sameで》同じもの[事]
different [dífərənt ディファレント]	形 ①違った ②別の(⇔sáme 同じ) be different from A Aと違っている ▶ difference 名 違い、相違(点) ▶ differ 自 異なる
straight [stréit ストレイト] 発	副 ①まっすぐに ②率直に 形 まっすぐな
way [wéi ウェイ]	名 ①道 ②方法 on the way to A Aへ行く途中で
corner [kɔ́ːrnər コーナ]	名 ①かど ②すみ、片すみ
left [léft レフト]	副 左に 形 左の、左側の 名 左、左側(⇔right 右、右側)
sign [sáin サイン] 発	名 ①標識、看板 ②記号 ③前兆 ④合図 他 に署名する

〈different+名詞の複数形〉

differentの後ろに名詞の複数形が入る場合は、「さまざまな」「いろいろな」という意味になることが多い。

There are different ways to get to the city. 「その市に行くにはさまざまな方法がある」

 学習日 ／ ／ ／ **91**

話題を広げる ②

読書について話す

☐☐☐ 0101 本を読む	**read** a book
☐☐☐ 0102 1段落を書く	write a **paragraph**
☐☐☐ 0103 ページをめくる	turn the **pages**
☐☐☐ 0104 その話を知っている	know the **story**
☐☐☐ 0105 詩を書く	write **poems**
☐☐☐ 0106 この新聞記事	this newspaper **article**
☐☐☐ 0107 女性誌	a women's **magazine**

音・音楽について話す

☐☐☐ 0108 大きな音	a big **noise**
☐☐☐ 0109 ベルを押す	push the **bell**
☐☐☐ 0110 歌を歌う	**sing** a song

 SVOO の read

read は後ろに2つの目的語をとることがある。
My mom read me a story every night.
「私の母は毎晩私にお話を読んでくれた」

read [ríːd リード] 活 read-read [réd レド]	他 を読む 自 読書する
paragraph [pǽrəgræf パラグラフ]	名 段落
page [péidʒ ペイヂ]	名 ページ
story [stɔ́ːri ストーリ]	名 ①話、物語　②(家・建物の)階
poem [póuəm ポウエム] 発	名 詩 ▶ póet 名 詩人
article [áːrtikəl アーティクル]	名 ①記事　②品物　③(法律などの)条項
magazine [mǽgəzìːn マガズィーン]	名 雑誌
noise [nɔ́iz ノイズ]	名 音、物音、騒音 ▶ nóisy 形 さわがしい
bell [bél ベル]	名 ①ベル、呼び鈴　②鐘
sing [síŋ スィング] 活 sang-sung	他 (歌など)を歌う 自 ①歌を歌う　②(小鳥などが)鳴く ▶ sóng 名 歌

 poemとpoetry

poemの類義語にpoetryがある。poemは一編の詩（可算名詞）だが、poetryは、文学の一形式としての詩の総称や、集合名詞としての詩を表す。

Goethe's famous poem「ゲーテの有名な詩」

Shakespeare's poetry「シェイクスピアの詩（集）」

似た例に、jewel「宝石」とjewelry「宝石類」、machine「機械」とmachinery「機械類」などがある。

考えや意図を伝える ❷

話を組み立てる

☐☐☐ 0111 その場合には	in that **case**
☐☐☐ 0112 この段階では	at this **stage**
☐☐☐ 0113 フランス語も話す	**also** speak French
☐☐☐ 0114 まだ家にいない	be not home **yet**

人に働きかける

☐☐☐ 0115 彼女を喜ばせる	**please** her
☐☐☐ 0116 生徒を歓迎する	**welcome** students
☐☐☐ 0117 私たちに命令する	**order** us
☐☐☐ 0118 子どもたちに遊ばせる	**let** the children play
☐☐☐ 0119 彼女にプレゼントをあげる	**give** her a present
☐☐☐ 0120 赤ちゃんを抱く	**hold** the baby

 also は動詞の前に置く

日本語の「…も」に当たる also は too と同じ使い方ができるわけではない。置く位置に注意しよう。also は be 動詞のあと、一般動詞の前に置き、文末には来ない。

STEP
3

case [kéis ケイス]	名 ①場合　②実例、事件　③箱、ケース
stage [stéidʒ ステイヂ]	名 ①段階　②舞台
also [ɔ́:lsou オールソウ]	副 も（また）
yet [jét イェト]	副 《否定文で》まだ（…ない）、《疑問文で》（すでに）もう
please [plí:z プリーズ]	他 を喜ばせる 副 どうぞ
welcome [wélkəm ウェルカム]	他 を歓迎する 間 ようこそ 形 歓迎される 名 歓迎
order [ɔ́:rdər オーダ]	他 ①に命令する　②を注文する 名 ①命令　②注文　③順番 order A to do　Aに…するよう命令する、命じる
let [lét レト] 活 let-let	他 ①《let A do で》Aに（させ）る ②《let's do で》（し）よう
give [gív ギヴ] 活 gave-given	他 を…にあげる、与える give up doing　…するのをやめる
hold [hóuld ホウルド] 発 活 held-held	他 ①を（手に）抱く、にぎる ②を保つ　③を開催する

please はていねい?

please を命令文につけると少しやわらかくなるが、必ずしもていねいな表現になるとは限らない。特に目上の人やあまり親しくない人に頼みごとをするときは、〈Could [Would] you～?〉を使うのが無難。

例文でCHECK!!

0081	放課後にバスケットボールをしよう。	Let's <u>play</u> <u>basketball</u> after school.
0082	私たちは公園でバレーボールの練習をする。	We <u>practice</u> <u>volleyball</u> in the park.
0083	私たちは野球の試合に勝った。	We <u>won</u> a baseball <u>game</u>.
0084	私たちのクラブは、各選手のために異なる練習プログラムを用意している。	Our club has different <u>practice</u> <u>programs</u> for each player.
0085	私は毎日その公園で運動をする。	I <u>exercise</u> at the park <u>every</u> <u>day</u>.
0086	選手たちは勝つために必死に戦った。	The players <u>fought</u> hard <u>to</u> <u>win</u>.
0087	私たちはテレビでテニスの試合を見た。	We <u>watched</u> <u>the</u> tennis <u>match</u> on TV.
0088	彼は私に速い泳ぎ方を教えてくれた。	He taught me <u>how</u> to <u>swim</u> fast.
0089	彼は私にボールを投げた。	He <u>threw</u> <u>the</u> <u>ball</u> to me.
0090	私は1時間川沿いを走った。	I <u>ran</u> <u>along</u> <u>the</u> <u>river</u> for one hour.

0091	私の両親は中国に住んでいます。	<u>Both</u> <u>my</u> <u>parents</u> live in China.
0092	私は2011年か2012年のどちらかに彼女に会った。	I met her <u>either</u> <u>in</u> 2011 <u>or</u> 2012.
0093	君はほかの人々に親切であるべきだ。	You should be kind to <u>other</u> <u>people</u>.
0094	君たちはほぼ同じに見える。	You both <u>look</u> almost <u>the</u> <u>same</u>.
0095	彼女のエプロンは私のものとは違っている。	Her apron is <u>different</u> <u>from</u> <u>mine</u>.

0096	この道に沿ってまっすぐ行きなさい。	<u>Go</u> <u>straight</u> along this street.
0097	こちらはビーチへ行く道ではありません。	This is not <u>the</u> <u>way</u> to <u>the</u> <u>beach</u>.
0098	その寺院はこの通りのかどに建っている。	The temple stands <u>on</u> <u>the</u> <u>corner</u> of this street.
0099	2つ目のかどで左に曲がりなさい。	<u>Turn</u> <u>left</u> at the second corner.
0100	ルート66の道路標識が見えるまでまっすぐ行きなさい。	Go straight until you see <u>the</u> <u>street</u> <u>sign</u> for Route 66.

読書について話す	☐ 0101 私はある俳優についての本を読んだ。	I read a book about an actor.
	☐ 0102 あなたの好きなものについて1段落を書きなさい。	Write a paragraph about your favorite thing.
	☐ 0103 彼はページをすばやくめくった。	He turned the pages quickly.
	☐ 0104 ヘンリー・フォードについての話を知っていますか。	Do you know the story of Henry Ford?
	☐ 0105 シェイクスピアは短い詩を書いた。	Shakespeare wrote short poems.
	☐ 0106 この新聞記事には重要な情報が抜けている。	This newspaper article is missing important information.
	☐ 0107 メイはバスで読むために女性誌を買った。	May got a women's magazine to read on the bus.
音・音楽について話す	☐ 0108 私はキッチンで大きな音を聞いた。	I heard a big noise in the kitchen.
	☐ 0109 助けが必要でしたらベルを押してください。	Please push the bell if you need any help.
	☐ 0110 その男の子は悲しい歌を歌った。	The boy sang a sad song.
話を組み立てる	☐ 0111 その場合には、あなたの助けが必要でしょう。	In that case, I will need your help.
	☐ 0112 この段階ではよくわからない。	I'm not sure at this stage.
	☐ 0113 彼女はアメリカ人で、フランス語も少し話す。	She is an American and also speaks some French.
	☐ 0114 9時なのに、私の妹はまだ家にいない。	It's nine o'clock, but my sister isn't home yet.
人に働きかける	☐ 0115 このプレゼントは彼女を喜ばせるだろう。	This present will please her.
	☐ 0116 その学校は世界中からの生徒を歓迎する。	The school welcomes students from around the world.
	☐ 0117 先生は私たちに立ち上がるよう命令した。	The teacher ordered us to stand up.
	☐ 0118 子どもたちにナイフで遊ばせてはいけません。	Don't let the children play with knives.
	☐ 0119 彼は彼女にすてきなクリスマスプレゼントをあげた。	He gave her a nice Christmas present.
	☐ 0120 彼は両腕で赤ちゃんを抱いていた。	He was holding the baby in his arms.

STEP 3

学習日 ／ ／ ／

気持ちを伝える ❶

<table>
<tr><td rowspan="4">好き嫌いについて話す</td><td>☐☐☐ 0121
親愛なる友達</td><td>a <u>dear</u> friend</td></tr>
<tr><td>☐☐☐ 0122
ウサギを愛する</td><td><u>love</u> rabbits</td></tr>
<tr><td>☐☐☐ 0123
白いネコが好きだ</td><td><u>like</u> white cats</td></tr>
<tr><td>☐☐☐ 0124
私の大好きな本</td><td>my <u>favorite</u> book</td></tr>
<tr><td rowspan="6">マイナスの気持ちを表現する</td><td>☐☐☐ 0125
悲しい話</td><td>a <u>sad</u> story</td></tr>
<tr><td>☐☐☐ 0126
イヌを恐れている</td><td>be <u>afraid</u> of dogs</td></tr>
<tr><td>☐☐☐ 0127
彼のことばに怒っている</td><td>be <u>angry</u> about his words</td></tr>
<tr><td>☐☐☐ 0128
このひどい絵</td><td>this <u>terrible</u> picture</td></tr>
<tr><td>☐☐☐ 0129
お金のことを心配する</td><td><u>worry</u> about money</td></tr>
<tr><td>☐☐☐ 0130
一晩中泣く</td><td><u>cry</u> all night</td></tr>
</table>

love の後に動詞を続ける

「…することを愛している」と言いたい場合、like と同様、後ろには to do と doing の両方を続けることができる。多少ニュアンスの違いはあるが、ほぼ同じと考えてよい。

I love to read novels. 「私は小説を読むのが大好きだ」

= I love reading novels.

dear [díər ディア]	形 ①親愛なる ②かわいい、大切な 名 愛する者、かわいい人
love [lʌ́v ラヴ]	他 を愛する 名 愛
like [láik ライク]	他 ①が好きだ、を好む ②…したいと思う(to do) like to do [doing] …するのが好きである 形 似ている 前 …のような
favorite [féivərət フェイヴァリト]	形 大好きな、お気に入りの ▶ fávor 名 親切な行為
sad [sǽd サド]	形 悲しい(⇔glád うれしい) ▶ sádness 名 悲しみ
afraid [əfréid アフレイド]	形 恐れて be afraid of A Aを恐れている
angry [ǽŋgri アングリ]	形 (…に)怒って、腹を立てて(about, at, with) ▶ ánger 名 怒り
terrible [térəbl テリブル]	形 ①ひどい ②猛烈な ③恐ろしい、怖い
worry [wɔ́:ri ワーリ]	自 心配する 他 を悩ませる 名 心配(事)
cry [krái クライ]	自 ①泣く ②叫ぶ 名 ①叫び ②泣[鳴]き声

favorite には very をつけない

favorite は「『大』好きな」と強調の意味がすでに含まれている語であるため、× very favorite とはふつう言わない。同様の単語には、wonderful「とてもすばらしい」、tiny「とても小さい」、excellent「とても優れた」などがある。

<table>
<tr><td rowspan="7">ものに働きかける</td></tr>
</table>

□□□ 0131
映画を作る

make a movie

□□□ 0132
その窓を割る

break the window

□□□ 0133
世界を変える

change the world

□□□ 0134
その鍵を隠す

hide the key

□□□ 0135
びんを水で満たす

fill a bottle with water

□□□ 0136
テーブルをおおう

cover the table

□□□ 0137
靴を売る

sell shoes

注意・警告する

□□□ 0138
話をするのをやめる

stop talking

□□□ 0139
駅へ急ぐ

hurry to the station

□□□ 0140
車に注意する

be **careful** of cars

 使役動詞 make

makeには「…に～（強制的に）させる」という意味がある。ここで「～させる」という動作は動詞の原形を使って表す。

My mother made me clean up the garden.
「母は私に庭の掃除をさせた」

make [méik メイク] 活 made-made	他 ①を作る　②《make A C で》AをCにする make A do　Aに（むりやり）…させる
break [bréik ブレイク] 活 broke-broken	他 ①を割る、こわす　②を折る　自 こわれる 名 中断、休憩 break out　（戦争・火事などが）起こる、生じる
change [tʃéindʒ チェインヂ]	他 ①を変える　②を交換する　③を両替する 自 変わる 名 ①変化、変更　②お釣り　③小銭
hide [háid ハイド] 活 hid-hidden [hídn ヒドン]	他 を隠す 自 隠れる
fill [fíl フィル]	他 を（…で）満たす、いっぱいにする（with） fill A out　Aに記入する
cover [kʌ́vər カヴァ]	他 をおおう、かぶせる 名 おおい、カバー be covered with A　Aでおおわれている
sell [sél セル] 活 sold-sold	他 を売る（⇔ buy を買う） ▶ sále 名 販売
stop [stáp スタプ]	他 ①をやめる　②を中止する 自 ①止まる　②中断する 名 ①終止、停止　②停留所 stop doing　…するのをやめる
hurry [hə́:ri ハーリ]	自 急ぐ 他 を急がせる
careful [kéərfəl ケアフル]	形 注意深い（⇔ cáreless 不注意な） be careful about[of] A　Aに注意している[する] ▶ cáre 名 世話、注意

🐻 stop doing と stop to do

「…することをやめる」と言いたい場合、stop doing を使う。stop to do という形にする場合、「…するために立ち止まる」という意味を表す。

I stopped to check my smartphone.

「私は自分のスマートフォンを確認するために立ち止まった」

趣味について話す

☐☐☐ 0141 趣味がない	have no **hobbies**
☐☐☐ 0142 ラジオを聴く	**listen** to the radio
☐☐☐ 0143 人形を集める	**collect** dolls
☐☐☐ 0144 その山に登る	**climb** the mountain
☐☐☐ 0145 絵を描く	**paint** pictures
☐☐☐ 0146 ピアノの演奏会	a piano **concert**
☐☐☐ 0147 劇場に行く	go to the **theater**
☐☐☐ 0148 ロシアの芸術	Russian **art**
☐☐☐ 0149 テレビドラマ	a TV **drama**
☐☐☐ 0150 私のお気に入りのアニメ	my favorite **cartoon**

 「をかく」

「をかく」と言う場合、**write** や **paint, draw** などを使う。それぞれの意味の違いを確認しよう。

▶ **paint**：筆などで絵を描く
▶ **write**：文字を書く
▶ **draw**：鉛筆やペンで線を描く

hobby [hábi ハビ]	名 趣味
listen [lísən リスン]	自 (…を) (じっと) 聴く、(…に) 耳をかたむける (to)
collect [kəlékt コレクト]	他 を集める ▶ colléction 名 収集物、コレクション
climb [kláim クライム] 発	他 自 (に) 登る 名 登ること、上昇
paint [péint ペイント]	他 ① (絵の具で絵)を描く　②にペンキを塗る 名 ①ペンキ　②絵の具
concert [kánsərt カンサト]	名 演奏会、コンサート
theater [θí:ətər スィーアタ] 発	名 劇場、映画館
art [á:rt アート]	名 ①芸術、美術　②こつ、技術 ▶ ártist 名 芸術家
drama [drá:mə ドラーマ]	名 ①ドラマ、劇(＝pláy)　②劇的な事件
cartoon [ka:rtú:n カートゥーン]	名 アニメ、風刺漫画

STEP
4

 dramaと「ドラマ」の発音

　日本語の「ドラマ」はアクセントが「ド」と冒頭にあるが、英語のdramaは「ドラマ」と真ん中にくる。このように、英単語そのものと日本語のカタカナが似ている場合には、発音をチェックする癖をつけよう。

位置について話す

☐☐☐ 0151 前の座席	the **front** seat
☐☐☐ 0152 戻ってくる	come **back**
☐☐☐ 0153 500キロ離れて	500 km **away**
☐☐☐ 0154 左側に	on the left **side**
☐☐☐ 0155 屋内へ行く	go **inside**
☐☐☐ 0156 外で遊ぶ	play **outside**
☐☐☐ 0157 山の頂上	the **top** of the mountain
☐☐☐ 0158 川の底	the **bottom** of the river
☐☐☐ 0159 真ん中に	in the **middle**
☐☐☐ 0160 高い塔	the **high** tower

🐻 middle の意味の広がり

middleのコアイメージは「真ん中」であり、そこから広がって、何かの「最中」「途中」という意味が出てくる。

I'm in the middle of painting a chair.
「私はいすにペンキを塗っている最中である」

STEP
4

front [fránt フラント] 発	形 前の、前方の、正面の 名 ①前部　②正面、先頭 in front of A　Aの前に
back [bǽk バク]	副 ①戻って　②後ろへ 形 後ろの 名 ①背中　②後ろ、裏手
away [əwéi アウェイ]	副 ①離れて、遠くに　②留守にして
side [sáid サイド]	名 側(面)、横
inside [insáid インサイド]	副 屋内で[の]、内側に[で] (⇔outsíde 外に[で]) 形 内部の、内側の 前 …の内部に、…の中で 名 内側
outside [àutsáid アウトサイド] ア	副 外に[で]、外側に[で] (⇔insíde 内側に[で]) 前 …の外側に[へ、で、の] 形 [áutsàid アウトサイド] 外側の
top [táp タプ]	名 頂上、てっぺん、最上部(⇔bóttom 底) on top of A　Aに加えて
bottom [bátəm バトム]	名 底、最下部(⇔tóp 頂上)
middle [mídl ミドル]	名 真ん中、半ば 形 ①真ん中の　②途中の
high [hái ハイ]	形 ①高い(⇔lów 低い)　②高さが…で 副 高く ▶ héight[háit ハイト] 名 高さ

🐻 high の副詞

high は「高く」という意味で副詞として使うが、これとは別に highly という副詞も存在する。「程度が高く」という意味をもつ highly は、「非常に」と理解するとよい。
This question is highly difficult. 「この問題は非常に難しい」

学習日 ／ ／ ／ **105**

例文で**CHECK!!**

好き嫌いについて話す	0121	親愛なる友達が香港から私に会いにきてくれた。	A dear friend came from Hong Kong to see me.
	0122	彼女は本当にウサギを愛している。	She really loves rabbits.
	0123	私は白いネコが好きだ。	I like white cats.
	0124	私の大好きな本は、『老人と海』だ。	My favorite book is *The Old Man and the Sea*.
マイナスの気持ちを表現する	0125	彼は私に悲しい話をした。	He told me a sad story.
	0126	その男の子は大きなイヌを恐れていた。	The boy was afraid of big dogs.
	0127	先生は彼のことばに怒っていた。	The teacher was angry about his words.
	0128	このひどい絵を見て。	Look at this terrible picture.
	0129	お金のことは心配しないで。	Don't worry about money.
	0130	その小さな女の子は一晩中泣いた。	The little girl cried all night.
ものに働きかける	0131	私たちはそのスポーツイベントについての映画を作った。	We made a movie about the sport event.
	0132	彼は私の部屋の窓を割った。	He broke the window of my room.
	0133	その少女は世界を変えた。	The little girl changed the world.
	0134	私たちは箱の中にその鍵を隠した。	We hid the key in a box.
	0135	私はそのびんを冷たい水で満たした。	I filled the bottle with cold water.
	0136	私の母は白い布でテーブルをおおった。	My mother covered the table with a white cloth.
	0137	彼は横浜で靴を売っている。	He sells shoes in Yokohama.
注意・警告する	0138	話をするのをやめて私の言うことを聞きなさい。	Stop talking and listen to me.
	0139	その電車に乗るために駅へ急いだ方がいいよ。	You should hurry to the station to catch the train.
	0140	外出する時は車に注意しなさい。	Be careful of cars when you go out.

趣味について話す

0141	私の父には趣味がない。	My father has no hobbies.
0142	私の父は仕事に行く途中にラジオを聴く。	My father listens to the radio on his way to work.
0143	彼の妻は外国の人形を集めている。	His wife collects foreign dolls.
0144	私たちは8月にその山に登るつもりです。	We will climb the mountain in August.
0145	彼女は庭で花の絵を描いた。	She painted pictures of flowers in the garden.
0146	土曜日、両親とピアノの演奏会に行った。	I went to a piano concert with my parents on Saturday.
0147	私の両親は、日曜日にはたいてい劇場に行く。	My parents usually go to the theater on Sundays.
0148	私たちはロシアの芸術を日本に紹介するつもりです。	We will introduce Russian art to Japan.
0149	私たちは水曜日の夜、テレビドラマを観るのを楽しむ。	We enjoy watching a TV drama on Wednesday evenings.
0150	これが私のお気に入りのアニメです。	This is my favorite cartoon.

位置について話す

0151	彼は前の座席に座っていた。	He was sitting in the front seat.
0152	彼はアフリカへ行って、戻ってこなかった。	He went to Africa and never came back.
0153	大阪は東京から約500キロ離れている。	Osaka is about 500 km away from Tokyo.
0154	道の左側に郵便局がある。	There is a post office on the left side of the street.
0155	彼女は私たちに屋内へ行くようにと言った。	She told us to go inside.
0156	彼は私たちに外で遊ぶようにと言った。	He told us to play outside.
0157	私たちは午前9時に山の頂上に立った。	We stood at the top of the mountain at 9 a.m.
0158	私は川の底でこの石を手に入れた。	I got this stone from the bottom of the river.
0159	彼女はテーブルの真ん中に皿を置いた。	She set the dish in the middle of the table.
0160	その高い塔は山のふもとに立っている。	The high tower stands at the foot of the mountain.

話題を広げる ❸

社会について話す

□□□ 0161 社会変化	**social** change
□□□ 0162 調査をする	do a **survey**
□□□ 0163 ニュースを聞く	hear the **news**
□□□ 0164 社会活動に参加する	**join** social activities
□□□ 0165 貧しい人々	**poor** people
□□□ 0166 金持ちの家庭	a **rich** family
□□□ 0167 レストランでたばこを吸う	**smoke** in a restaurant
□□□ 0168 問題に直面する	face a **problem**
□□□ 0169 平和を保つ	keep **peace**
□□□ 0170 日本国籍	Japanese **nationality**

news の発音

　newsはカタカナ語では「ニュース」だが、英語では［ニューズ］と言う。カタカナ語は、英語ではたいてい違う読み方をするので特に注意したい。たとえばshirt［シャート］「シャツ」、image［イミヂ］「イメージ」、sauna［ソーナ］「サウナ」、tuna［テューナ］「ツナ」、Europe［ユアロプ］「ヨーロッパ」、garage［ガラージ］「ガレージ」など、カタカナ語読みをすると日本人以外には通じない。

social [sóuʃəl ソウシャル]	形 ①社会の　②社交の ▶ socíety 名 社会
survey [sə́:rvei サーヴェイ] ⑦	名 ①調査、測量　②概観 他 [sərvéi サヴェイ] ①を調査する　②を見渡す
news [njú:z ニューズ] 発	名 ニュース、知らせ ▶ néwspaper 名 新聞
join [dʒɔ́in ヂョイン]	他 ①に参加する、加わる 　②をつなぐ
poor [púər プア]	形 貧しい、貧乏な(⇔ rich 裕福な) 　be poor at A　Aがへたである ▶ póverty 名 貧困、貧しさ
rich [rítʃ リチ]	形 ①金持ちの、裕福な(⇔ póor 貧しい)　②豊富な 　③栄養分の多い
smoke [smóuk スモウク]	自 他 (たばこを)吸う 名 煙 ▶ smóking 名 喫煙
problem [prábləm プラブレム]	名 問題
peace [pí:s ピース]	名 平和(⇔ wár 戦争)
nationality [næ̀ʃənǽləti ナショナリティ]	名 国籍 ▶ nátional 形 国民[国家]の ▶ nátion 名 国家

STEP
5

 「調査」

質問形式で人の意見や考え方などを調査するのが survey。ほかに「調査」といえば research があるが、こちらは長期におよぶ綿密な調査や、科学・学術研究に対して使う。なお survey は可算名詞だが、research は不可算名詞である。

学習日　／　／　／　**109**

旅行について話す

☐☐☐ 0171 修学旅行に行く	go on a school **trip**
☐☐☐ 0172 月への旅をする	**travel** to the moon
☐☐☐ 0173 農場に滞在する	**stay** at a farm
☐☐☐ 0174 おばを訪問する	**visit** an aunt
☐☐☐ 0175 自転車に乗る	**ride** a bike
☐☐☐ 0176 その美しい外国の湖	the beautiful **foreign** lake
☐☐☐ 0177 世界中で	around the **world**
☐☐☐ 0178 小さい島	a small **island**
☐☐☐ 0179 大きい宮殿	a big **palace**
☐☐☐ 0180 イタリアの文化	Italian **culture**

仕事の trip

trip は「旅行」という意味で、休暇や遊びのイメージがあるが、仕事で移動する「出張」を表すこともある。

I went to Canada on a business trip.「私は出張でカナダに行った」

trip [tríp トリプ]	名 (短い)旅行(=trável)
travel [trǽvl トラヴル]	自 ①(…に)旅をする(to) ②移動する 名 ①旅行(=tríp) ②移動
stay [stéi ステイ]	自 ①滞在する ②とどまる 名 滞在
visit [vízət ヴィズィト]	他 を訪問する、訪れる 名 訪問、見物
ride [ráid ライド] 活 rode-ridden	他 自 (乗りもの・馬)(に)乗る、(乗りもの・馬)(に)乗っていく
foreign [fɔ́:rən フォーリン] 発	形 外国の
world [wə́:rld ワールド]	名 世界
island [áilənd アイランド] 発	名 島
palace [pǽləs パレス]	名 宮殿
culture [kʌ́ltʃər カルチャ]	名 ①文化 ②教養 ▶ cúltural 形 文化の

STEP
5

stay＋形容詞

stayは「滞在する」「とどまる」という意味から、「(ある状態)のままである」という意味を表す。

I stay busy all day.「私は一日中忙しくしている」

人の動作について話す

□□□ 0181 皿洗いをする	**do** the dishes
□□□ 0182 彼のことを笑う	**laugh** at him
□□□ 0183 壁から飛び降りる	**jump** off the wall
□□□ 0184 カードを選ぶ	**pick** a card
□□□ 0185 仕事を見つける	**find** work
□□□ 0186 線を引く	**draw** a line
□□□ 0187 窓を開ける	**open** the window
□□□ 0188 同じ話をくり返す	**repeat** the same story
□□□ 0189 午前8時30分に出発する	**start** at 8:30 a.m.
□□□ 0190 コップを落とす	**drop** a glass

find OC

findは、〈S + find + O + C〉という形で使われることもある。「OがCの状態である
と気づく」といった意味である。

I found this book interesting. 「私はこの本がおもしろいと気づいた」

do
[dú: ドゥー]

他 をする
自 行動する
do without A　Aなしでやっていく

laugh
[lǽf ラフ] 発

自 (…を) (声を出して)笑う(at)
名 笑い
▶ láughter 名 笑い(声)

jump
[dʒʌ́mp チャンプ]

自 飛ぶ、はねる、(…に)飛び乗る(on)
名 ジャンプ、跳躍

pick
[pík ピク]

他 ① を選ぶ　② (花など)をつむ
pick A out　Aを選ぶ
pick A up　Aを(車で)迎えにくる、拾う

find
[fáind ファインド]
活 found-found

他 ① を見つける　② を探し出す　③ と知る、わかる

draw
[drɔ́: ドロー]
活 drew-drawn

他 ① (線)を引く　② (絵)を描く
名 引き分け

open
[óupən オウプン]

他 を開ける(⇔ clóse を閉める)
自 開く
形 開いている、開いた

repeat
[ripí:t リピート]

自 他 (を)くり返す、(と)くり返して言う

start
[stá:rt スタート]

自 ① 出発する(⇔ arríve 到着する)
② 始まる(＝begín)
他 を始める
start doing [to do]　…し始める

drop
[dráp ドラプ]

他 を落とす
自 落ちる
名 ① しずく　② 落下、下落

start と begin の関連性

「始まる」や「を始める」という意味であり、類似している語である start と begin
は語法も似ている。後ろに動詞を置く場合、start も begin も doing と to do のどちら
も使える。

事実や情報を伝える 8

人の仕事・職業について話す

□□□ 0191 仕事を得る	get a **job**
□□□ 0192 鉄道技師	a train **engineer**
□□□ 0193 自動車工場で働く	work in a car **factory**
□□□ 0194 家を建てる	**build** a house
□□□ 0195 その試合の審判	a **judge** of the game
□□□ 0196 私の母の命を救う	save my mother's **life**
□□□ 0197 事務所を開く	open an **office**

頻度について話す

□□□ 0198 いつもする	**always** do
□□□ 0199 たいてい3時間かかる	**usually** take three hours
□□□ 0200 よく彼に会う	**often** see him

「仕事」を表すjobとwork

　jobはある特定の時期に従事する職業を指し、給与のある仕事またはすべき義務を指す、くだけた感じの語。workは「仕事」を表す最も一般的な語であり、職業や勤務だけでなく労働・作業・任務など幅広い意味をもつ。なお、jobは可算名詞、workは不可算名詞である。

　　He has a good job.「彼はよい仕事をもっている」
　　He has a lot of work to do.「彼はしなくてはならない仕事がたくさんある」

job [dʒáb チャブ]	名 ①仕事 ②職、職業
engineer [èndʒəníər エンヂニア] ⑦	名 技師、エンジニア ▶ enginéering 名 工学技術
factory [fǽktəri ファクトリ]	名 工場
build [bíld ビルド] 活 built-built	他 自 (を)建てる、建設する ▶ búilding 名 建物
judge [dʒʌ́dʒ チャヂ]	名 ①審判、審査員 ②裁判官 他 自 (を)判断する ▶ júdgement 名 判断
life [láif ライフ] 複 lives [láivz ライヴズ]	名 ①命、生命(⇔déath 死) ②一生、人生 ③生活
office [ɔ́:fəs オーフィス]	名 事務所、会社
always [ɔ́:lweiz オールウェイズ]	副 いつも、常に
usually [júːʒuəli ユージュアリ]	副 ①たいてい ②ふだん(は)、ふつう(は) ▶ úsual 形 たいていの
often [ɔ́:fən オーフン]	副 よく、たびたび

STEP
5

頻度を表す副詞の位置

always や usually, often といった頻度を表す副詞は置く位置に注意したい。

▶ be動詞の後ろ：**I'm always sleepy.**「私はいつも眠い」
▶ 一般動詞の前：**I always get up early.**「私はいつも早起きをする」

社会について話す	☐ 0161	彼らは大きな社会変化を好まない。	They don't like big <u>social</u> <u>change</u>.
	☐ 0162	彼らはこの計画の調査をした。	They <u>did</u> <u>a</u> <u>survey</u> of this plan.
	☐ 0163	私はロンドンの大雨についてのニュースを聞いた。	I <u>heard</u> <u>the</u> <u>news</u> about heavy rain in London.
	☐ 0164	彼女はお年寄りを助けるための社会活動に参加している。	She <u>joins</u> <u>social</u> <u>activities</u> to help older people.
	☐ 0165	彼女は貧しい人々に親切だ。	She is kind to <u>poor</u> <u>people</u>.
	☐ 0166	彼女は金持ちの家庭の出身だ。	She is from <u>a</u> <u>rich</u> <u>family</u>.
	☐ 0167	このレストランでたばこを吸ってはいけません。	You can't <u>smoke</u> <u>in</u> <u>this</u> <u>restaurant</u>.
	☐ 0168	私たちはいつも騒音の問題に直面していた。	We <u>faced</u> noise <u>problems</u> all the time.
	☐ 0169	私たちは隣人と平和を保っている。	We <u>keep</u> <u>peace</u> with our neighbors.
	☐ 0170	私の息子は日本国籍を有していない。	My son does not have <u>Japanese</u> <u>nationality</u>.
旅行について話す	☐ 0171	私たちは修学旅行に沖縄へ行く予定です。	We will <u>go</u> to Okinawa <u>on</u> <u>a</u> <u>school</u> <u>trip</u>.
	☐ 0172	私の夢は月への旅をすることだ。	My dream is to <u>travel</u> <u>to</u> <u>the</u> <u>moon</u>.
	☐ 0173	私たちは1か月の間農場に滞在した。	We <u>stayed</u> <u>at</u> <u>a</u> <u>farm</u> for a month.
	☐ 0174	私はロンドンのおばを訪問するつもりです。	I am going to <u>visit</u> <u>an</u> <u>aunt</u> in London.
	☐ 0175	彼は大阪から神戸まで自転車に乗った。	He <u>rode</u> <u>a</u> <u>bike</u> from Osaka to Kobe.
	☐ 0176	その美しい外国の湖を見に行きたい。	I want to go to see <u>the</u> <u>beautiful</u> <u>foreign</u> <u>lake</u>.
	☐ 0177	その作家は世界中で有名だ。	The writer is famous <u>around</u> <u>the</u> <u>world</u>.
	☐ 0178	向こうに小さい島が見える。	I can see <u>a</u> <u>small</u> <u>island</u> over there.
	☐ 0179	この大きい宮殿は私の祖父によって所有されている。	<u>This</u> <u>big</u> <u>palace</u> is owned by my grandfather.
	☐ 0180	彼らはイタリアの文化に興味がある。	They are interested in <u>Italian</u> <u>culture</u>.

人の動作について話す	0181 私は朝食後に皿洗いをする。	I do the dishes after breakfast.
	0182 みんな彼のことを笑った。	Everyone laughed at him.
	0183 その男の子はすばやく壁から飛び降りた。	The boy quickly jumped off the wall.
	0184 彼はカードを選んでひっくり返した。	He picked a card and turned it over.
	0185 仕事を見つけるのは彼女にとってとても難しかった。	It was very difficult for her to find work.
	0186 彼は床の上に長い線を引いた。	He drew a long line on the floor.
	0187 私は星を見るために窓を開けた。	I opened the window to see the stars.
	0188 彼は同じ話をくり返した。	He repeated the same story.
	0189 私たちは明日午前8時30分に出発する予定である。	We will start at 8:30 a.m. tomorrow.
	0190 スーザンは床にコップを落とした。	Susan dropped a glass on the floor.
人の仕事・職業について話す	0191 私の姉はフランスでよい仕事を得た。	My sister got a good job in France.
	0192 その少年は鉄道技師になった。	The boy became a train engineer.
	0193 私のいとこは自動車工場で働いている。	My cousin works in a car factory.
	0194 ジェフはアフリカで家を建てている。	Jeff builds houses in Africa.
	0195 私の父はその試合の審判になる予定だ。	My father will be a judge of the game.
	0196 その医者は私の母の命を救った。	The doctor saved my mother's life.
	0197 彼らは福岡に事務所を開く予定だ。	They are going to open an office in Fukuoka.
頻度について話す	0198 彼女はいつもよい仕事をする。	She always does a great job.
	0199 この勉強プログラムはたいてい3時間かかる。	This study program usually takes three hours.
	0200 私はそのカフェでよく彼に会う。	I often see him in the café.

気持ちを伝える ②

感想を伝える

□□□ 0201 悲しく感じる	**feel** sad
□□□ 0202 楽しむ	have **fun**
□□□ 0203 おもしろいラジオ番組	an **interesting** radio program
□□□ 0204 アジアに興味がある	be **interested** in Asia
□□□ 0205 わくわくさせる試合	an **exciting** game
□□□ 0206 そのダンスに興奮して	**excited** at the dance
□□□ 0207 簡単な仕事	an **easy** job
□□□ 0208 難しい本	a **difficult** book
□□□ 0209 退屈な映画	a **boring** movie
□□□ 0210 彼女を気の毒に思う	feel **sorry** for her

SVOCで使うfeel

feelは〔S＋feel＋O＋C（動詞原形）〕の形でも使われる。「OがCするのを感じる」という意味である。

I felt something touch my shoulder.
「私は何かが肩に触ったのを感じた」

feel [fíːl フィール]	国 (痛み・感情などを)感じる、と感じる 他 ①に触る ②を感じる feel free to *do* 気楽に…する feel like *doing* …したい気分である
fun [fán ファン]	名 楽しさ、おもしろいこと ▶fúnny 形 ①おかしい ②変な、こっけいな
interesting [íntərəstiŋ インタレスティング]	形 おもしろい、興味深い
interested [íntərəstəd インタレステド]	形 興味をもった be interested in A Aに興味[関心]がある
exciting [iksáitiŋ イクサイティング]	形 わくわくさせる、とてもおもしろい、興奮させる
excited [iksáitəd イクサイテド]	形 (…に)興奮した(at, by, about)
easy [íːzi イーズィ]	形 ①簡単な、やさしい(⇔dífficult, hárd 難しい) ②気楽な
difficult [dífikəlt ディフィカルト]	形 難しい、困難な(=hárd)(⇔éasy 簡単な) ▶difficulty 名 難しさ
boring [bɔ́ːriŋ ボーリング]	形 退屈な、うんざりさせる ▶bóred 形 退屈した、うんざりした
sorry [sári サリ]	形 ①(…が)気の毒で(about, for) ②すまなく思って ③残念で be sorry for A Aをすまなく思う、Aしてごめんなさい

 **take it easy**

take it easy. は「気楽にやる」「のんびりやる」という意味の表現。命令文で**Take it easy.** と言うと、「大丈夫だから無理をしないで」「ゆっくりしよう」と相手にアドバイスする表現になる。

質問する・答える

0211 私の母についてたずねる	**ask** about my mother
0212 簡単な質問	an easy **question**
0213 私に返事をする	**answer** me
0214 その物語について私に話す	**tell** me about the story
0215 「進め」を意味する	**mean** "Go."
0216 就職の面接	a job **interview**
0217 理由がある	have a **reason**

話し合う内容を指す

0218 その問題について考える	think about the **matter**
0219 目標をもつ	have a **goal**
0220 君の考えが気に入っている	like your **idea**

ask のあとに続く前置詞 for

ask は「たずねる」や「たのむ」という意味であるが、前置詞 for を続けて ask for とすると「を求める」という意味になる。

My brother asked me for advice.「弟が私にアドバイスを求めた」

ask [ǽsk アスク]	自 他 ① (を)たずねる(⇔ ánswer に答える) ② (を)求める、頼む ask for A　Aを求める
question [kwéstʃən クウェスチョン] 発	名 質問(⇔ ánswer 答え) 他 に質問する
answer [ǽnsər アンサ]	他 自 (に)返事をする、(に)答える(⇔ ásk (を)たずねる) 名 答え、返事(⇔ quéstion 質問)
tell [tél テル] 活 told-told	他 ① に話す、を言う　② を教える ③ に…するように言う tell A to do　Aに…するよう命令[忠告]する
mean [míːn ミーン] 活 meant-meant [mént メント]	他 を意味する mean to do　…するつもりである ▶ méaning 名 意味
interview [íntərvjùː インタヴュー]	名 ① 面接　② インタビュー 他 ① と面接をする　② にインタビューする
reason [ríːzən リーズン]	名 ① 理由　② 道理
matter [mǽtər マタ]	名 ① 問題、ことがら ② 《the matter で》困ったこと、面倒なこと 自 重要である
goal [góul ゴウル] 発	名 ① 目標　② (サッカーなどの)ゴール
idea [aidíːə アイディーア] ア	名 考え、思いつき

STEP
6

動詞 matter

動詞の matter は「重要である」という意味で、主に否定文・疑問文の中で使われる。
It doesn't matter.「大したことじゃない」

価値・真偽を伝える

□□□ 0221 よい趣味	a **good** hobby
□□□ 0222 悪い少年	a **bad** boy
□□□ 0223 重要な会議	an **important** meeting
□□□ 0224 高価な服	**expensive** clothes
□□□ 0225 本物の金	**real** gold
□□□ 0226 本当の話	a **true** story
□□□ 0227 間違ったニュース	**false** news

手紙やメールを書く

□□□ 0228 電子メールを書く	**write** an email
□□□ 0229 彼の自宅の住所	his home **address**
□□□ 0230 長い手紙	a long **letter**

🐻 goodはほめ言葉?

goodはもちろん「よい」という意味だが、「一番よい」と言う意味ではなく、「悪くない」「まあまあよい」というニュアンスを含むこともある。積極的にほめたいときは、great「すごい」、excellent「とてもよい」、awesome「すばらしい」といった単語を選んだほうがよい。

good [gúd グド] 変 better-best	形 ①よい(⇔bád 悪い)　②上手な 名 ①善、利益　②よさ、長所　③《goodsで》商品
bad [bǽd バド] 変 worse-worst	形 ①悪い(⇔góod よい)、いやな　②へたな
important [impɔ́ːrtənt インポータント]	形 重要な ▶ impórtance 名 重要性
expensive [ikspénsiv イクスペンスィヴ] 発	形 高価な(⇔chéap 安価な) ▶ expénse 名 費用
real [ríːəl リーアル]	形 ①本物の、本当の　②現実の ▶ reálly 副 本当は ▶ reálity 名 現実(性)
true [trúː トルー]	形 本当の、本物の(⇔fálse 間違いの)、真実の 　be true of A　Aに当てはまる ▶ trúth 名 真実
false [fɔ́ːls フォールス]	形 間違った、誤った(⇔trúe 本当の)
write [ráit ライト] 活 wrote-written	他 を書く 自 ①書く　②手紙を書く 　write to A　Aに手紙を書く
address [ədrés アドレス]	名 ①住所　②演説 他 ①にあて名を書く　②に演説する
letter [létər レタ]	名 ①手紙　②文字

STEP 6

動詞の address

　addressには「に差し向ける」というコアイメージがある。そこから「にあて名を書く」のほか、「に演説する」という意味が出てくる。また、「に対処する」という意味もある。

The teacher addressed the problem of his class.
「先生は自分のクラスの問題に対処した」

行事やイベントについて話す

□□□ 0231 大きなパーティーを開く	have a big **party**
□□□ 0232 行事を開催する	hold an **event**
□□□ 0233 秋祭り	an autumn **festival**
□□□ 0234 その競技会で勝つ	win the **contest**
□□□ 0235 彼の誕生日を祝う	**celebrate** his birthday
□□□ 0236 よい思い出	a good **memory**
□□□ 0237 楽しいクリスマス	**merry** Christmas
□□□ 0238 ホテルの客	hotel **guests**
□□□ 0239 役割を果たす	play a **role**
□□□ 0240 選手の一覧表	a **list** of players

partyのさまざまな意味

partyは「人の集まり」という意味から派生して、「集団」「政党」という意味にもなる。
日本語でも、山登りのグループのことを「パーティー」という。

party [pá:rti パーティ]	图 ①パーティー、会　②政党、一団
event [ivént イヴェント] 発	图 行事、出来事
festival [féstəvəl フェスティヴァル]	图 祭り
contest [kántest カンテスト]	图 競技(会)、コンテスト、競争
celebrate [séləbrèit セレブレイト] 発	他 を祝う ▶ celebrátion 图 祝賀会
memory [méməri メモリ]	图 思い出、記憶
merry [méri メリ]	形 楽しい、陽気な
guest [gést ゲスト]	图 ①(宿泊)客(⇔hóst 主人) ②(招かれた)客、ゲスト
role [róul ロウル] 発	图 ①役割(=párt)　②役
list [líst リスト]	图 一覧表、リスト、名簿 他 を一覧表にする

 **「客」を表す単語**

「客」を表す単語は guest だけではない。種類によって使い分けよう。

▶ guest：招待客
▶ visitor：訪問客
▶ customer：買い物客

感想を伝える	0201	私は彼女の手紙を読んで悲しく感じた。	I felt sad after I read her letter.
	0202	私たちはパーティーでとても楽しんだ。	We had great fun at the party.
	0203	私はおもしろいラジオ番組を聞いた。	I heard an interesting radio program.
	0204	その生徒たちはアジアに興味がある。	The students are interested in Asia.
	0205	それはわくわくさせるバスケットボールの試合だった。	It was an exciting basketball game.
	0206	全員がそのダンスに興奮した。	Everyone was excited at the dance.
	0207	これは君には簡単な仕事だろう。	This will be an easy job for you.
	0208	これは私には難しい本だった。	This was a difficult book for me.
	0209	私は友人と退屈な映画を観た。	I watched a boring movie with my friend.
	0210	私たちは彼女を気の毒に思う。	We feel sorry for her.
質問する・答える	0211	彼女は私の母についてたずねた。	She asked about my mother.
	0212	これは君には簡単な質問かもしれない。	This may be an easy question for you.
	0213	誰も私に返事をすることができなかった。	No one could answer me.
	0214	彼女はその物語について私に多くのことを話さなかった。	She did not tell me much about the story.
	0215	青信号は「進め」を意味する。	The green light means "Go."
	0216	兄はそのスーパーの就職の面接を受けた。	My brother had a job interview with the supermarket.
	0217	私にはそれをする理由があります。	I have a reason to do it.
話し合う内容を指す	0218	その問題について何度も考えた。	I thought about the matter again and again.
	0219	彼は1日2時間勉強する目標をもっている。	He has the goal of studying two hours a day.
	0220	私たちは君の考えを本当に気に入っている。	We really like your idea.

0221	ピアノを弾くことはよい趣味だ。	Playing the piano is a good hobby.
0222	私は悪い少年だった。	I was a bad boy.
0223	私たちは明日重要な会議があります。	We will have an important meeting tomorrow.
0224	彼の父親は高価な服を着ている。	His father wears expensive clothes.
0225	この時計は本物の金でできていますか。	Is this watch made of real gold?
0226	彼女は私たちに本当の話を教えてくれた。	She told us a true story.
0227	私たちはどうやって間違ったニュースを止めることができるだろうか。	How can we stop false news?

0228	私は彼に電子メールを書いた。	I wrote an email to him.
0229	君は彼の自宅の住所を知っていますか。	Do you know his home address?
0230	私は彼から長い手紙を受け取った。	I got a long letter from him.

0231	私たちは家で大きなパーティーを開いた。	We had a big party at our house.
0232	私たちのクラブは火曜日に大きな行事を開催した。	Our club held a big event on Tuesday.
0233	私たちの町には秋祭りがある。	Our town has an autumn festival.
0234	メアリーはその水泳競技会で勝った。	Mary won the swimming contest.
0235	私たちは土曜日に彼の誕生日を祝った。	We celebrated his birthday on Saturday.
0236	そのオペラはこの春のよい思い出だった。	The opera was a good memory of this spring.
0237	とても楽しいクリスマスをお過ごしください！	Have a very merry Christmas!
0238	この場所はホテルのお客様専用です。	This place is for hotel guests only.
0239	みんなが重要な役割を果たした。	Everyone played an important role.
0240	選手の完全な一覧表を手に入れられますか。	Can I get a full list of players?

STEP 6

話題を広げる ❻

□□□ 0241 試験を受ける	have a **test**
□□□ 0242 点検をする	do a **check**
□□□ 0243 正しい答え	the **right** answer
□□□ 0244 間違った方法	the **wrong** way
□□□ 0245 正確な年	the **correct** year
□□□ 0246 よい成績を取る	get a high **grade**

社会問題について話す

□□□ 0247 水質汚染	water **pollution**
□□□ 0248 大火事	a big **fire**
□□□ 0249 第一次世界大戦	World **War** I
□□□ 0250 戦争で殺される	be **killed** in the war

 強調の right

right は「正しい」「右の」という意味があるが、副詞で「ちょうど」「まさしく」と
意味を強める語句としても使うことができる。
▶ right now「たった今」
▶ right after ...「…したあとすぐに」

test [tést テスト]	名 ①試験、テスト　②検査、実験 他 ①をテストする　②を実験する、検査する
check [tʃék チェク]	名 ①点検、照合、検査　②小切手 他 をチェックする、照合する、調べる
right [ráit ライト]	形 ①正しい(⇔ wróng 間違った) 　②右の(⇔ léft 左の) 名 右、右側
wrong [rɔ́ːŋ ローング]	形 間違った[ている]、違う(⇔ ríght, corréct 正しい)
correct [kərékt コレクト]	形 正確な、正しい(⇔ wróng 間違った) 他 を訂正する ▶ corréction 名 訂正
grade [gréid グレイド]	名 ①成績　②学年　③等級 他 ①を格付けする　②に成績をつける
pollution [pəlúːʃən ポルーション]	名 汚染、公害 ▶ pollúte 他 を汚染する
fire [fáiər ファイア]	名 ①火事　②火 他 を発射する
war [wɔ́ːr ウォー] 発	名 戦争(⇔ péace 平和)
kill [kíl キル]	他 ①を殺す 　②《be killedで》(事故・戦争などで)殺される、死ぬ

🐻 fire は可算名詞か不可算名詞か

「火」という意味では不可算名詞だが、「火事」「たき火」という意味では可算名詞となる。

There was a fire in my neighborhood yesterday.

「昨日近所で火事があった」

行動を相手に説明する ④

食べる・飲む

□□□ 0251 昼食を取る	**have** lunch
□□□ 0252 野菜を食べる	**eat** vegetables
□□□ 0253 コーヒーを飲む	**drink** coffee

交通機関を利用する

□□□ 0254 母を待つ	**wait** for my mother
□□□ 0255 1列に	in a **row**
□□□ 0256 切符を買う	get a **ticket**
□□□ 0257 立ったままでいる	**keep** standing
□□□ 0258 間違った列車に乗る	**take** the wrong train
□□□ 0259 パリへ飛行機で行く	**fly** to Paris
□□□ 0260 バスに乗りそこなう	**miss** the bus

使役動詞の have

haveは「AにBさせる」という意味でも使われる。「AがBする状態をもつ」というのが元々の意味。

My father had me do the dishes.「父は私に皿洗いをさせた」

have [hǽv ハヴ] 活 had-had	他 ① (食事)を取る、食べる、飲む　②を持っている
eat [íːt イート] 活 ate-eaten	他 を食べる 自 食べる、食事をする
drink [dríŋk ドリンク] 活 drank-drunk	他 自 (を)飲む 名 飲みもの
wait [wéit ウェイト]	自 (…を)待つ (for)
row [róu ロウ] 発	名 列 他 ①を列に並べる　② (ボート)をこぐ 自 ボートをこぐ
ticket [tíkət ティケト]	名 切符、チケット
keep [kíːp キープ] 活 kept-kept	自 (ある状態の)ままでいる 他 ①を持ち続ける、保存する ② (ある状態)を保つ
take [téik テイク] 活 took-taken	他 ① (乗りもの)に乗る　②を持っていく、連れていく ③をとる take A out　Aを持ち帰る、持ち出す
fly [flái フライ] 活 flew-flown	自 ①飛行機で行く[旅行する]　②飛ぶ
miss [mís ミス]	他 ① (電車・バスなど)に乗りそこなう ②をしそこなう ③がいないのでさびしく思う

eatとhave

　eatは食べる行為そのものを指すストレートな言葉で、haveは「(特に複数で) 食事の時間を取る」ことに重きを置いた言い方。人を食事に誘うときは、haveを使ったほうがスマート。

　Would you like to have lunch with me?「私といっしょに昼食を取りませんか」

考えや意図を伝える ❺

意思決定する

□□□ 0261 私たちのリーダーを選ぶ	**choose** our leader
□□□ 0262 君に賛成する	**agree** with you
□□□ 0263 心変わりをする	change my **mind**
□□□ 0264 行動を取る	take **action**
□□□ 0265 彼女に投票する	**vote** for her

考える・確信する

□□□ 0266 家族のことを考える	**think** about my family
□□□ 0267 彼の年齢を推測する	**guess** his age
□□□ 0268 月での生活を想像する	**imagine** life on the moon
□□□ 0269 勝利を確信している	be **sure** of winning
□□□ 0270 たぶんあとで	**maybe** later

agree に続く前置詞

〈agree ＋前置詞〉で「〜に賛成する」という意味となるが、「人」に同意する場合には前置詞は with を用いる。「提案」などに同意する場合の前置詞は to を使う。

choose [tʃúːz チューズ] 活 chose-chosen	他 自 (を)選ぶ ▶ chóice 名 選ぶこと
agree [əgríː アグリー]	自 (…に)賛成する、(…と)同じ意見である(with) 　　agree to A　A(提案など)に賛成する、同意する ▶ agréement 名 協定(書)、同意
mind [máind マインド]	名 心、精神 他 ①《否定文・疑問文で》を気にする、いやがる 　　②《命令文で》に気をつける 　　Would you mind doing ...?　…していただけますか
action [ǽkʃən アクション]	名 行動 ▶ áct 自 行動する　名 行為 ▶ áctive 形 活動的な
vote [vóut ヴォウト]	自 投票する 名 投票 　　vote for A　Aに賛成票を投じる 　　vote against A　Aに反対票を投じる
think [θíŋk スィンク] 活 thought-thought	自 考える、思う 他 ①と思う、考える　②を(だと)思う ▶ thóught 名 考え
guess [gés ゲス]	他 を推測する、言い当てる 名 推測
imagine [imǽdʒin イマヂン]	他 を想像する ▶ ímage 名 イメージ ▶ imaginátion 名 想像力
sure [ʃúər シュア]	形 ①確信して　②きっと…して 副 ①よろしいですとも　②確かに 　　be sure of[about] A　Aを確信している 　　be sure to do　きっと…する
maybe [méibi メイビ]	副 たぶん、かもしれない

STEP 7

mind doing を使った疑問文に対する答え方

Would you mind opening the window?は「その窓を開けていただけませんか」というていねいな依頼の疑問文で、直訳は「その窓を開けるのはいやですか」である。従って、開けることを了承するのであればNo. や Not at all. など否定で答える。

学習日 ／ ／ ／ **133**

気持ちを伝える ❸

人やものをほめる

□□□ 0271 優れた選手	a **fine** player
□□□ 0272 よい考え	a **nice** idea
□□□ 0273 すばらしい人生	a **wonderful** life
□□□ 0274 美しい庭園	a **beautiful** garden
□□□ 0275 かわいらしい赤ちゃん	a **cute** baby
□□□ 0276 きれいな家	a **pretty** house
□□□ 0277 優秀な音楽家	an **excellent** musician
□□□ 0278 私の理想の友達	my **ideal** friend
□□□ 0279 頭のよい人	a **smart** person
□□□ 0280 おいしいクッキー	**delicious** cookies

prettyとcute

どちらも人を形容する場合は「かわいい」の意味だが、prettyは主に女性や女の子の外見や顔の美しさ、かわいさを言うのに対し、cuteは特に子どもや若者を形容して、内面的なかわいさや魅力を表すときに使う。日本語の「かわいい」の語感に近いのはcute。

fine [fáin ファイン]	形 ①優れた　②すばらしい、立派な 　③元気な、健康な[で]　④ (天気が)晴れの 名 罰金
nice [náis ナイス]	形 ①よい、すてきな、すばらしい　②親切な
wonderful [wʌ́ndərfəl ワンダフル]	形 ①すばらしい(＝gréat)　②驚異的な、不思議な ▶ wónder 名 驚き、不思議 　　　　他 かなと思う　自 不思議に思う
beautiful [bjúːtəfəl ビューティフル]	形 ①美しい(⇔úgly みにくい)　②すばらしい ▶ béauty 名 美しさ
cute [kjúːt キュート]	形 かわいらしい、かわいい(＝prétty)
pretty [príti プリティ]	形 きれいな、かわいい(＝cúte) 副 非常に、かなり
excellent [éksələnt エクセレント]	形 優秀な、優れた
ideal [aidíːəl アイディーアル] ⑦	形 理想の、理想的な 名 理想
smart [smáːrt スマート]	形 ①頭のよい、利口な　②おしゃれな
delicious [dilíʃəs ディリシャス] ㊪	形 (とても)おいしい

STEP
7

「スマートな」人

　日本語で「スマート」と言う場合、「体型がすらりとした」という意味で使われることもあるが、英語ではその意味はない。**He is smart.**と言うとふつう「彼は賢い」と言う意味だが、場合によっては「彼は悪賢い、生意気だ」という悪口にもなる。

テストについて話す	0241	私たちは火曜日英語の試験を受けた。	We <u>had an</u> English <u>test</u> on Tuesday.
	0242	彼らは車を少し点検した。	They <u>did a</u> small <u>check</u> on the car.
	0243	彼女はついに正しい答えを出した。	She gave <u>the right answer</u> in the end.
	0244	彼はその問題に答えるための間違った方法を私に教えた。	He told me <u>the wrong way</u> to answer the question.
	0245	秀吉は1536年に生まれたと言う人もいるが、正確な年は1537年だと信じている人もいる。	Some people say Hideyoshi was born in 1536, but others believe <u>the correct year</u> was 1537.
	0246	私は数学でよい成績を取った。	I <u>got a high grade</u> in math.
社会問題について話す	0247	ここでは水質汚染が大きな問題である。	<u>Water pollution</u> is a big problem here.
	0248	その若者は大火事から多くの人々を救った。	That young man saved many people from <u>a big fire</u>.
	0249	第一次世界大戦は1914年に始まった。	<u>World War I</u> started in 1914.
	0250	ジムの父は戦争で殺された。	Jim's father <u>was killed in the war</u>.
食べる・飲む	0251	そのレストランで昼食を取ろう。	Let's <u>have lunch</u> at the restaurant.
	0252	私はまず野菜を食べます。	I will <u>eat vegetables</u> first.
	0253	君はコーヒーを飲みすぎるべきではない。	You shouldn't <u>drink</u> too much <u>coffee</u>.
交通機関を利用する	0254	私は駅で母を待っていた。	I <u>was waiting for my mother</u> at the station.
	0255	子どもたちはバスに乗るために1列に並んだ。	Children lined up <u>in a row</u> to take the bus.
	0256	バスの切符をこちらで買えますよ。	You can <u>get a</u> bus <u>ticket</u> here.
	0257	彼は東京までずっと立ったままでいた。	He <u>kept standing</u> all the way to Tokyo.
	0258	私は駅で間違った列車に乗った。	I <u>took the wrong train</u> at the station.
	0259	私たちは成田からパリへ飛行機で行った。	We <u>flew</u> from Narita <u>to</u> Paris.
	0260	私は学校へのバスに乗りそこなった。	I <u>missed the bus</u> to school.

意思決定する	0261	私たちの新しいリーダーを選ぶための会議を開いた。	We held a meeting to <u>choose</u> <u>our</u> new <u>leader</u>.
	0262	私たちはみな君に賛成だ。	All of us <u>agree</u> <u>with</u> <u>you</u>.
	0263	私は映画を観る計画だったが、心変わりをした。	I planned to watch a movie but <u>changed</u> <u>my</u> <u>mind</u>.
	0264	私たちは今行動を取るべきだ。	We should <u>take</u> <u>action</u> now.
	0265	彼らはみな彼女に投票した。	All of them <u>voted</u> <u>for</u> <u>her</u>.
考える・確信する	0266	私は1人でいるとき家族のことを考える。	I <u>think</u> <u>about</u> <u>my</u> <u>family</u> when I am alone.
	0267	彼の年齢を推測できますか。	Can you <u>guess</u> <u>his</u> <u>age</u>?
	0268	私は月での生活を想像できない。	I can't <u>imagine</u> <u>life</u> <u>on</u> <u>the</u> <u>moon</u>.
	0269	私たちはその試合に勝つことを確信している。	We <u>are</u> <u>sure</u> <u>of</u> <u>winning</u> the game.
	0270	今はそれができないけど、たぶんあとで。	I can't do it now, but <u>maybe</u> <u>later</u>.
人やものをほめる	0271	彼の母は優れたバレーボール選手だ。	His mother is <u>a</u> <u>fine</u> volleyball <u>player</u>.
	0272	お礼状を書くのはよい考えかもしれない。	It may be <u>a</u> <u>nice</u> <u>idea</u> to write a thank you letter.
	0273	彼女はすばらしい人生を楽しんだ。	She enjoyed <u>a</u> <u>wonderful</u> <u>life</u>.
	0274	この町には訪れるべき美しい庭園がある。	There are <u>beautiful</u> <u>gardens</u> to visit in this town.
	0275	私はかわいらしい赤ちゃんだったと隣人は言っている。	My neighbor says I was <u>a</u> <u>cute</u> <u>baby</u>.
	0276	私のおばは琵琶湖の近くのきれいな家に住んでいる。	My aunt lives in <u>a</u> <u>pretty</u> <u>house</u> near Lake Biwa.
	0277	ミアは優秀な音楽家になった。	Mia became <u>an</u> <u>excellent</u> <u>musician</u>.
	0278	彼女は私の理想の友達だ。	She is <u>my</u> <u>ideal</u> <u>friend</u>.
	0279	私の祖父は頭のよい人だ。	My grandfather is <u>a</u> <u>smart</u> <u>person</u>.
	0280	彼は私においしいクッキーを作ってくれた。	He made me <u>delicious</u> <u>cookies</u>.

話題を広げる ❼

□□□ 0281 寒い夜	a **cold** night
□□□ 0282 強い風	a **strong** wind
□□□ 0283 緑色の草	the green **grass**
□□□ 0284 紅葉	red **leaves**
□□□ 0285 野原で遊ぶ	play in the **field**
□□□ 0286 雪の地面	the snowy **ground**

数学・算数について話す

□□□ 0287 数学が得意である	be good at **math**
□□□ 0288 多数	a large **number**
□□□ 0289 2と3の合計	the **sum** of 2 and 3
□□□ 0290 定規を使う	**use** a ruler

🐻 leafの複数形

leafの複数形は、fをvに変えて-esをつけたleavesとなる。同じ変化をする語にshelfがある。これも複数形はshelves。
We pick tea leaves in May. 「私たちは5月にお茶の葉を摘む」

cold [kóuld コウルド] 発	形 ① 寒い ② 冷たい(⇔hót 暑い、熱い) 名 ①(病気の)かぜ ② 寒さ
strong [strɔ́:ŋ ストローング]	形 強い、頑丈な(⇔wéak 弱い) ▶ stréngth 名 力、強さ
grass [grǽs グラス]	名 ① 草 ②《the grass で》芝生
leaf [lí:f リーフ] 複 leaves [lí:vz リーヴズ]	名 葉
field [fí:ld フィールド]	名 ① 野原、畑 ② 競技場 ③ 分野
ground [gráund グラウンド]	名 ① 地面 ② 土地 ③ グラウンド
math [mǽθ マス]	名 数学《màthemátics の略》
number [nʌ́mbər ナンバ]	名 ① 数 ② 番号 ③《単数形で》数量
sum [sʌ́m サム]	名 ① 合計、和 ② 金額 ③ 全体 他 ① を合計する ② を要約する ▶ súmmary 名 要約
use [jú:s ユーズ] 発	他 を使う、使用する 名 [jú:s ユース] 使うこと、使用 ▶ úseful 形 役に立つ

STEP 8

a number of と the number of の違い

numberは、a number of, the number ofといった形でもよく使われる。冠詞のa とtheが違うだけで、意味が異なることに注意。a number ofは「たくさんの〜」を表し、the number ofは「〜の数」を表す。

▶ a number of students 「たくさんの生徒」
▶ the number of students 「生徒の数」

考えや意図を伝える ❻

電話で用件を伝える

□□□ 0291 あなたの名前をたずねる	ask your **name**
□□□ 0292 ジョンと話す	**speak** to John
□□□ 0293 午後4時に君と会う	**meet** you at 4 p.m.
□□□ 0294 伝言を残す	leave a **message**
□□□ 0295 メモを取る	make a **note**

レストランで話す

□□□ 0296 注文する準備ができている	**ready** to order
□□□ 0297 よいにおいがする	**smell** nice
□□□ 0298 あなたに水を持ってくる	**bring** you some water
□□□ 0299 砂糖を加える	**add** sugar
□□□ 0300 甘い飲みもの	a **sweet** drink

動詞として使う name

name を動詞として使うと「…を名づける」という意味になる。〈S＋name＋O＋C〉で「O（人）をCと名づける」という形をとることもある。

My grandmother named me Saki.「私の祖母は私をサキと名づけた」

name [néim ネイム]	名 名前 他 ①を名づける ②の名を言う ③を指名する
speak [spíːk スピーク] 活 spoke-spoken	自 他 (を)話す ▶ spéech 名 演説
meet [míːt ミート] 活 met-met	他 自 ①(と)会う ②(と)会合する ▶ méeting 名 会議
message [mésidʒ メスィヂ]	名 伝言、ことづけ
note [nóut ノウト]	名 ①メモ、覚えがき ②注、注釈 他 ①に注意する ②を記す
ready [rédi レディ]	形 (…の)準備ができて、用意ができて(for) ready to *do* 喜んで…する、…する用意ができて
smell [smél スメル] 活 smelled [smelt]-smelled [smelt]	自 ①のにおいがする ②におう 他 のにおいをかぐ 名 におい、香り
bring [bríŋ ブリング] 活 brought-brought	他 を持ってくる、連れてくる
add [ǽd アド]	他 を加える、足す ▶ addítion 名 追加
sweet [swíːt スウィート]	形 ①甘い ②快い 名 《sweets で》甘い菓子

STEP
8

noteとmemo

note は日本語の「メモ、短い手紙」に当たる。「メモ」は英語の memo に由来するが、これは memorandum「(会社内などで連絡用に使われる) 文書」の短縮形で、日本語の「メモ」とは異なる。

事実や情報を伝える 9

□□□ 0301 あの若い男	that **young** man
□□□ 0302 彼に会えて幸運な	**lucky** to meet him
□□□ 0303 自由に感じる	feel **free**
□□□ 0304 奇妙な服を着る	wear **strange** clothes
□□□ 0305 有名な歌手	a **famous** singer
□□□ 0306 目をさましたままでいる	stay **awake**
□□□ 0307 ドアの横に立っている	**stand** by the door
□□□ 0308 ソファに座る	**sit** on the sofa
□□□ 0309 成長する	**grow** up
□□□ 0310 ピアノの腕前	piano **skills**

famous に続く前置詞

famous は、その後に「もの」と「人」のどちらが続くかによって、とる前置詞が異なる。有名な「もの」を示すときには for を用い、「誰にとって」有名なのかを示すときには to を用いる。

Kyoto is famous for many temples.「京都は多くの寺で有名である」
Kyoto is famous to foreign people.「京都は外国人に有名である」

young [jʌ́ŋ ヤング]	形 若い、年下の(⇔óld 年をとった、年上の)
lucky [lʌ́ki ラキ]	形 幸運な(=fórtunate)、運のよい
free [frí: フリー]	形 ①自由な、ひまな ②無料の 副 無料で 　be free to *do* 自由に…することができる ▶fréedom 名 自由
strange [stréindʒ ストレインヂ]	形 ①奇妙な、変な ②見知らぬ、初めての
famous [féiməs フェイマス]	形 (…で)有名な(for)
awake [əwéik アウェイク]	形 目がさめて 自 目をさます 他 を起こす《活 awoke[awaked]-awoken[awoke, awaked]》 ▶wáke 自 目がさめる 他 の目をさまさせる
stand [stǽnd スタンド] 活 stood-stood	自 ①立っている、立ち上がる(⇔sít 座る、座っている) 　②位置している 他 をがまんする
sit [sít スィト] 活 sat-sat	自 座る、座っている(⇔stánd 立っている、立ち上がる)
grow [gróu グロウ] 活 grew-grown	自 成長する、育つ 他 を育てる、栽培する
skill [skíl スキル]	名 腕前、技術

 **grow up to be ...**

grow upのあとにto beを続けると、「成長した結果、…になる」という意味を表す。
My younger sister grew up to be a singer.
「私の妹は大人になって歌手になった」

ものの性質について説明する

☐☐☐ 0311 大都市	a **great** city
☐☐☐ 0312 新しいギター	a **new** guitar
☐☐☐ 0313 古いCDを買う	buy **old** CDs
☐☐☐ 0314 薄い紙	**thin** paper
☐☐☐ 0315 分厚い本	a **thick** book
☐☐☐ 0316 重いかばん	a **heavy** bag
☐☐☐ 0317 軽いかさ	a **light** umbrella
☐☐☐ 0318 大型のバス	a **large** bus
☐☐☐ 0319 円を描く	draw a **circle**
☐☐☐ 0320 小さい穴	a small **hole**

greatを使った慣用表現

ある提案に対して、「それはいいね」「それはすばらしい」と賛同するときに (That) sounds great. と言うことがある。会話でよく出てくるので覚えておこう。

great [gréit グレイト] 発	形 ①(規模が)大きい、(程度が)非常な ②偉大な ③すごい、すばらしい
new [n*j*ú: ニュー]	形 新しい(⇔óld 古い)
old [óuld オウルド]	形 ①古い(⇔néw 新しい) ②年をとった
thin [θín スィン]	形 ①薄い(⇔thíck 厚い) ②やせた(⇔fát 太った)、細い ③(液体などが)薄い
thick [θík スィク]	形 ①分厚い(⇔thín 薄い) ②厚さが…で ③太い ④(液体などが)濃い
heavy [hévi ヘヴィ]	形 ①重い(⇔líght 軽い) ②激しい、ひどい ③深刻な
light [láit ライト]	形 軽い(⇔héavy 重い) 名 ①光 ②明かり 他 (火[明かり])をつける
large [lá:*rdʒ* ラーヂ]	形 大型の、大きい、広い(⇔smáll 小さい)
circle [sə́:*r*kl サークル]	名 ①円、輪 ②仲間
hole [hóul ホウル] 発	名 穴

STEP
8

 **hole の発音**

holeの発音は、「ホール」ではなく「ホウル」に近い。「ホール」ではhall「広間」の発音になってしまう。他にも、boat「ボウト」cold「コウルド」、home「ホウム」、go「ゴウ」、gold「ゴウルド」など、カタカナ語では「オー」と表記するが英語では「オウ」と発音する語は多く、これらを正しく言えれば、ネイティブの発音に一歩近づく。

自然について話す	0281	それは寒い雨の降る夜だった。	It was a cold, rainy night.
	0282	強い風が吹いていた。	A strong wind was blowing.
	0283	そのネコは緑色の草の中に隠れていた。	The cat was hiding in the green grass.
	0284	私たちは美しい紅葉を見た。	We saw beautiful red leaves.
	0285	多くの子どもたちが野原で遊んでいる。	Many kids are playing in the field.
	0286	雪の地面を歩くならスノーシューズを履きなさい。	Wear snow shoes if you walk on the snowy ground.
数学・算数について話す	0287	彼女は数学が得意である。	She is good at math.
	0288	多数の人が私たちのコンサートに来た。	A large number of people came to our concert.
	0289	2と3の合計は5だ。	The sum of 2 and 3 is 5.
	0290	君は直線を引くのに定規を使うべきだ。	You should use a ruler to draw lines.
電話で用件を伝える	0291	あなたの名前をたずねてもよろしいですか。	May I ask your name?
	0292	ジョンと話すことはできますか。	Can I speak to John?
	0293	午後4時にここで君と会おう。	I'll meet you here at 4 p.m.
	0294	彼に伝言を残しますか。	Will you leave a message for him?
	0295	待ち合わせ時間のメモを取ります。	I'll make a note of the meeting time.
レストランで話す	0296	注文する準備ができていますか。	Are you ready to order?
	0297	そのパンはよいにおいがする。	The bread smells nice.
	0298	あなたに水をお持ちします。	I will bring you some water.
	0299	私はコーヒーに砂糖を加えた。	I added sugar to my coffee.
	0300	私は甘い飲みものが好きではない。	I don't like sweet drinks.

0301	あの若い男は農夫だ。	That young man is a farmer.
0302	ナンシーは空港で彼に会えて幸運だった。	Nancy was lucky to meet him at the airport.
0303	歌を歌っている時、私は自由に感じる。	I feel free when I sing songs.
0304	彼女は奇妙な服を着ている。	She is wearing strange clothes.
0305	彼女はポーランド出身の有名な歌手である。	She is a famous singer from Poland.
0306	彼女はベッドで目をさましたままでいた。	She stayed awake in the bed.
0307	女性がドアの横に立っている。	A lady is standing by the door.
0308	母はソファに座っている。	My mother is sitting on the sofa.
0309	彼は成長して船乗りになった。	He grew up to be a sailor.
0310	私の母はピアノの腕前が優れている。	My mother has great piano skills.

0311	日本には大都市が多い。	Japan has many great cities.
0312	ジムは水曜日に新しいギターを手に入れた。	Jim got a new guitar on Wednesday.
0313	私はその店で古いCDを買った。	I bought old CDs at the shop.
0314	彼女は大きな薄い紙にその手紙を書いた。	She wrote the letter on a large piece of thin paper.
0315	その先生は分厚い本を持ってきた。	The teacher brought a thick book.
0316	彼は重いかばんを持っている。	He carries a heavy bag.
0317	私は軽いかさがほしい。	I want a light umbrella.
0318	私たちはイベントのために大型のバスが必要です。	We need a large bus for the event.
0319	彼はノートに円を描いた。	He drew a circle on the notebook.
0320	私のジャケットに小さい穴がある。	There is a small hole in my jacket.

事実や情報を伝える ⑪

未来について説明する

□□□ 0321	取材記者になる	**become** a reporter
□□□ 0322	近い将来に	in the near **future**
□□□ 0323	すぐに戻る	come back **soon**

人やものの一時的な状況について説明する

□□□ 0324	速く成長する	grow **fast**
□□□ 0325	ゆっくりした生活	a **slow** life
□□□ 0326	激しく雨が降る	rain **hard**
□□□ 0327	明るい空	**bright** sky
□□□ 0328	汚い服	**dirty** clothes
□□□ 0329	みにくい心	an **ugly** heart
□□□ 0330	出来事を説明する	**describe** the event

brightのさまざまな意味

brightにはさまざまな意味があるが、「光り輝いている」というコアイメージをもつ。そこから、「明るい」や「利口な」といった意味が出てくるが、抽象的な意味での「明るい」もbrightで表現できる。

You have a bright future.「あなたには明るい未来がある」

become [bikám ビカム] 活 became-become	自 になる
future [fjú:tʃər フューチャ]	名 将来、未来 形 未来の、将来の
soon [sú:n スーン]	副 すぐに、まもなく
fast [fæst ファスト]	副 (速度が)速く(⇔slówly 遅く) 形 速い(⇔slów 遅い)
slow [slóu スロウ]	形 ①ゆっくりした、遅い(⇔fást 速い) ②(時計が)遅れて 副 遅く、ゆっくり
hard [háːrd ハード]	副 ①激しく、ひどく　②熱心に 形 ①硬い、固い(⇔sóft やわらかい) ②難しい(＝dífficult)
bright [bráit ブライト]	形 ①明るい、ぴかぴか光る　②利口な
dirty [də́ːrti ダーティ]	形 汚い、汚れた(⇔cléan きれいな、清潔な) ▶ dírt 名 泥、ほこり
ugly [ʌ́gli アグリ] 発	形 ①みにくい(⇔béautiful 美しい) ②いやな、不快な
describe [diskráib ディスクライブ]	他 を説明する、詳しく述べる、描写する ▶ descríption 名 描写

STEP 9

hardとhardly

hardは形容詞だけでなく副詞としても使われるが、ほかにhardlyという単語もある。こちらは「ほとんど〜ない」という意味なので混同しないように注意。

My father always tells me to study harder.
「私の父は私にもっと一生懸命勉強するよういつも言う」

My father hardly does exercise. 「私の父はほとんど運動をしない」

時や期間について話す

□□□ 0331 今鹿児島に滞在している	stay in Kagoshima **now**
□□□ 0332 ちょっと待つ	wait a **moment**
□□□ 0333 今夜映画を観に行く	go to the movies **tonight**
□□□ 0334 彼が生まれた日	the **date** of his birth
□□□ 0335 短い期間	a short **period**
□□□ 0336 速く話す	speak **quickly**
□□□ 0337 学校に遅刻する	be **late** for school
□□□ 0338 年の終わりに	at the **end** of the year
□□□ 0339 まだ若い	**still** young
□□□ 0340 6時10分過ぎ	ten **past** six

soonとquicklyの違い

soonとquicklyの区別については、soonは「まもなく」、quicklyは「すばやく」と覚えておくとよい。soonはもうすぐ起こる出来事、quicklyは行動が速いことを表す。

now [náu ナウ]	副 ①今、現在　②今すぐ
moment [móumənt モウメント]	名 ちょっとの時間、瞬間
tonight [tənáit トゥナイト]	副 今夜(は) 名 今夜
date [déit デイト]	名 ①(特定の)日、日付　②人と会う約束
period [píəriəd ピアリアド]	名 ①期間、時期　②時代
quickly [kwíkli クウィクリ]	副 速く、すばやく(⇔slówly 遅く) ▶ quíck 形 速い、すばやい
late [léit レイト]	形 ①遅れた、遅い(⇔éarly 早い)　②後年の 副 遅く(まで)(⇔éarly 早く)
end [énd エンド]	名 ①終わり、結末(⇔begínning 始まり)　②端 自 終わる 他 を終える(⇔begín を始める)
still [stíl スティル]	副 ①まだ、いまでも　②それでもなお 形 静止して
past [pǽst パスト]	前 (時間が)…を過ぎて 形 過去の 名 過去(⇔fúture 未来)

STEP 9

文頭に使われるstill

　stillを「まだ」と覚えていると、文頭に使われた場合に意味がわからなくなってしまうかもしれない。「それでもなお」「しかし」という意味があることを覚えておきたい。

Ken studied very hard. Still, he didn't pass the exam.

「ケンは一生懸命勉強した。しかし、試験で合格しなかった」

程度について話す

☐☐☐ 0341 寒すぎる	**too** cold
☐☐☐ 0342 ジャガイモでいっぱいである	be **full** of potatoes
☐☐☐ 0343 もう少しで17歳で	**almost** 17 years old
☐☐☐ 0344 たくさんの人々	a **lot** of people
☐☐☐ 0345 ピアノをうまく演奏する	play the piano **well**
☐☐☐ 0346 とても重要な	**very** important
☐☐☐ 0347 あまりお金を持っていない	don't have **much** money
☐☐☐ 0348 初歩的な本	an **elementary** book
☐☐☐ 0349 わずか5ドル	**only** five dollars
☐☐☐ 0350 たった今	**just** now

too ～ to do の意味

「あまりにも～で…できない」と辞書などに載っているが、to do に「できない」の意味があるわけではない。too は「あまりにも」という意味であるため、too ～ to … の形になると、too ～の内容を補足する形で to … が続くと考えるとよい。

I'm too busy to study English. 「私はあまりにも忙しくて英語の勉強ができない」

too [túː トゥー]	副 ①あまりに(も)…すぎる　②(…も)また
full [fúl フル]	形 (…で)いっぱいの(of) 　be full of A　Aでいっぱいである ▶ fill 他 を満たす
almost [ɔ́ːlmoust オールモウスト]	副 もう少しで、ほとんど
lot [lát ラト]	名 ①たくさん　②たいへん　③くじ　④地所、区画 　a lot[lots] of A　たくさんのA
well [wél ウェル] 活 better-best	副 ①うまく、じょうずに(⇔bádly へたに) 　②よく、十分に 形 健康で(⇔íll, síck 病気で) 間 ええと、そうですね
very [véri ヴェリ]	副 とても
much [mʌ́tʃ マチ] 変 more-most	形 《否定文で》あまり(…ない)、《疑問文で》多くの、 　たくさんの 副 ①たいへん　②大いに 代 多量
elementary [èləméntəri エレメンタリ]	形 初歩的な、基本的な
only [óunli オウンリ]	副 わずか、たった 形 ①ただ1つ[ひとり]の　②ただ…だけの
just [dʒʌ́st ヂャスト]	副 ①たった、ほんの　②ちょうど 形 ①正しい、公平な　②正当な

STEP 9

多さを表す much

「たくさんの」を表す単語にはmuchのほかmanyもある。どちらを使うかは、後ろの単語で決まる。可算名詞の前にはmany、不可算名詞の前にはmuchがくる。
▶ many students「たくさんの学生」
▶ much water「たくさんの水」

☐☐☐ 0351 英語の授業を受ける	have an English **lesson**
☐☐☐ 0352 私のお気に入りの教科	my favorite **subject**
☐☐☐ 0353 外国語	a foreign **language**
☐☐☐ 0354 美術史	art **history**
☐☐☐ 0355 カギとなる文に下線を引く	**underline** key sentences
☐☐☐ 0356 話題を変える	change the **topic**
☐☐☐ 0357 新しい単語	a new **word**
☐☐☐ 0358 英語の辞書	an English **dictionary**
☐☐☐ 0359 第一歩	the first **step**
☐☐☐ 0360 この話の要点	the **point** of this story

classとlesson

classもlessonも「授業」という意味で使うが、classは「集団授業」を表すのに対し、lessonは音楽や語学の習い事などの「個人授業」を指すことも多い。また、「学校の授業」はアメリカではclass、イギリスではlessonを使うのがふつう。

lesson [lésən レスン]	名 ①授業　②(教科書の)課、レッスン
subject [sʌ́bdʒikt サブヂクト]	名 ①教科　②主題、話題
language [lǽŋgwidʒ ラングウィヂ]	名 言語、言葉
history [hístəri ヒストリ]	名 歴史 ▶ históric 形 歴史上重要な ▶ histórical 形 歴史の
underline [ʌ̀ndərláin アンダライン]	他 ①に下線を引く　②を強調する 名 [ʌ́ndərlàin アンダライン] 下線
topic [tápik タピク]	名 話題
word [wə́ːrd ワード]	名 単語、語 　 keep *one*'s word　約束を守る
dictionary [díkʃənèri ディクショネリ]	名 辞書、辞典
step [stép ステプ]	名 ①歩み、一歩　②手段、方法　③階段
point [pɔ́int ポイント]	名 ①要点　②点、程度 他 をさし示す、指さす

STEP 9

「辞書を引く」

「引く」は英語では draw だが、「辞書を引く」は ×draw a dictionary とは言わない。
consult [use, check] a dictionary、あるいは look up the word in a dictionary
「辞書でその単語を引く」などと言う。

学習日　／　／　／　**155**

未来について説明する	☐ 0321	ジムはこの4月に取材記者になる予定だ。	Jim will <u>become</u> <u>a</u> <u>reporter</u> this April.
	☐ 0322	私の祖父母は近い将来にニュージーランドに行くつもりだ。	My grandparents will go to New Zealand <u>in</u> <u>the</u> <u>near</u> <u>future</u>.
	☐ 0323	私の母はすぐに戻るだろう。	My mother will <u>come</u> <u>back</u> <u>soon</u>.
人やものの一時的な状況について説明する	☐ 0324	ベトナムは本当に速く成長している。	Vietnam <u>is</u> <u>growing</u> really <u>fast</u>.
	☐ 0325	私の祖父母はゆっくりした生活を楽しんでいる。	My grandparents enjoy <u>a</u> <u>slow</u> <u>life</u>.
	☐ 0326	私たちが駅に着くと、目の前は激しく雨が降っていた。	It <u>was</u> <u>raining</u> <u>hard</u> in front of us when we arrived at the station.
	☐ 0327	明るい空には星を見ることはできない。	We can't see stars in the <u>bright</u> <u>sky</u>.
	☐ 0328	君の汚い服を脱ぎなさい。	Take off your <u>dirty</u> <u>clothes</u>.
	☐ 0329	彼女は美しい顔をしているがみにくい心の持ち主だ。	She has a beautiful face but has <u>an</u> <u>ugly</u> <u>heart</u>.
	☐ 0330	その出来事を一言で説明してもらえませんか。	Can you <u>describe</u> <u>the</u> <u>event</u> in one word?
時や期間について話す	☐ 0331	私のおじは今鹿児島に滞在している。	My uncle <u>is</u> <u>staying</u> <u>in</u> <u>Kagoshima</u> <u>now</u>.
	☐ 0332	教室でちょっと待っていなさい。	<u>Wait</u> <u>a</u> <u>moment</u> in the classroom.
	☐ 0333	私は今夜友達と映画を観に行くつもりだ。	I'm <u>going</u> <u>to</u> <u>the</u> <u>movies</u> with my friends <u>tonight</u>.
	☐ 0334	私たちは彼が生まれた日を知らない。	We don't know <u>the</u> <u>date</u> <u>of</u> <u>his</u> <u>birth</u>.
	☐ 0335	私は埼玉に短い期間滞在した。	I stayed in Saitama for <u>a</u> <u>short</u> <u>period</u>.
	☐ 0336	そんなに速く話さないで。	Don't <u>speak</u> so <u>quickly</u>.
	☐ 0337	彼は今日学校に遅刻した。	He <u>was</u> <u>late</u> <u>for</u> <u>school</u> today.
	☐ 0338	年の終わりには学校はない。	We have no school <u>at</u> <u>the</u> <u>end</u> <u>of</u> <u>the</u> <u>year</u>.
	☐ 0339	君は投票するにはまだ若すぎる。	You are <u>still</u> too <u>young</u> to vote.
	☐ 0340	6時10分過ぎです。	It is <u>ten</u> <u>past</u> <u>six</u>.

☐ 0341	海で泳ぐには寒すぎた。	It was <u>too cold</u> to swim in the sea.
☐ 0342	その箱はジャガイモでいっぱいだった。	The box <u>was full of potatoes</u>.
☐ 0343	私の弟はもう少しで17歳である。	My brother is <u>almost 17 years old</u>.
☐ 0344	たくさんの人々が動物園に行った。	<u>A lot of people</u> went to the zoo.
☐ 0345	彼女はピアノをうまく演奏することができる。	She can <u>play the piano well</u>.
☐ 0346	君にとても重要なことを言うよ。	I'll tell you something <u>very important</u>.
☐ 0347	私はあまりお金を持っていない。	I <u>don't have much money</u>.
☐ 0348	あなたは音楽に関する初歩的な本を持っていますか。	Do you have <u>an elementary book</u> on music?
☐ 0349	このシャツにわずか5ドルしか払わなかった。	I paid <u>only five dollars</u> for this shirt.
☐ 0350	たった今、誰かが君を呼んだ。	Someone called you <u>just now</u>.

STEP 9

☐ 0351	私たちは今朝英語の授業を受けた。	We <u>had an English lesson</u> this morning.
☐ 0352	私のお気に入りの教科は歴史だ。	<u>My favorite subject</u> is history.
☐ 0353	中国語は私にとって外国語です。	Chinese is <u>a foreign language</u> for me.
☐ 0354	私の姉は大学で美術史を勉強している。	My sister studies <u>art history</u> at college.
☐ 0355	その物語のカギとなる文に下線を引きなさい。	<u>Underline key sentences</u> in the story.
☐ 0356	私たちは話題を水の問題に変えた。	We <u>changed the topic</u> to water problems.
☐ 0357	彼は新しい単語を見たら辞書を引く。	He uses a dictionary when he sees <u>a new word</u>.
☐ 0358	すべての生徒は英語の辞書を持ってくるべきだ。	All students should bring <u>an English dictionary</u>.
☐ 0359	このコースは、みなさんが英語学習の第一歩を踏み出すのをお手伝いします。	This course helps you to take <u>the first step</u> to learning English.
☐ 0360	この話の要点は何ですか。	What is <u>the point of this story</u>?

学習日 　／　　／　　／　　**157**

考えや意図を伝える ❼

話し合いをする

☐☐☐ 0361 日程を決める	**set** a date
☐☐☐ 0362 その問題について話す	**talk** about the problem
☐☐☐ 0363 その計画を見直す	**review** the plan
☐☐☐ 0364 その問題について議論する	**discuss** the matter
☐☐☐ 0365 その話題に集中する	**focus** on the topic
☐☐☐ 0366 会話に加わる	join the **conversation**

助けを求める・たずねる

☐☐☐ 0367 私を手伝う	**help** me
☐☐☐ 0368 誰かが必要だ	**need** someone
☐☐☐ 0369 私の遅刻を許す	**excuse** me for being late
☐☐☐ 0370 お金を借りる	**borrow** money

🐻 talkのあとにくる前置詞

「話す」行為を表す talkの目的語に「人（話し相手）」や「内容」がくる場合には前置詞を伴う。

▶ **talk to** ～「(話し相手) に話しかける」
▶ **talk with** ～「(話し相手) と話す」
▶ **talk about** ～「(内容) について話す」

set [sét セト] 活 set-set	他 ① (日時・価格・目標など)を決める　②を置く 名 セット、組 　set out　出発する
talk [tɔ́:k トーク]	自 ①話す、しゃべる　②話し合う 名 ①話　②《talksで》会談 　talk A into doing　Aを説得して…させる
review [rivjú: リヴュー]	他 を見直す、再検討する 名 再検討、再調査
discuss [diskʌ́s ディスカス]	他 について議論する、話し合う ▶ discússion 名 議論
focus [fóukəs フォウカス]	自 (に)集中する、焦点を合わせる(on) 他 ①を集中させる　②の焦点を合わせる 名 焦点、的
conversation [kɑ̀nvərséiʃən カンヴァセイション]	名 会話
help [hélp ヘルプ]	他 ①を手伝う　②を助ける 名 手伝い、助け 　help A (to) do　Aが…するのを助ける 　help A with B　A(人)のBを手伝う
need [ní:d ニード]	他 が必要である 助 《否定文・疑問文で》する必要がある 名 必要、必要性 　need to do　…する必要がある
excuse [ikskjú:z イクスキューズ] 発	他 を許す 名 [ikskjú:s イクスキュース] 言い訳
borrow [bárou バロウ]	他 (…から)を借りる (⇔ lénd を貸す) (from) 自 (…から)借りる(from)

STEP
10

🐻 discuss は他動詞

　discuss は1語で「〜について議論する/話す」という意味。前置詞の about 等を続けないように注意しよう。

体の状態や体調について話す	□□□ 0371 健康状態が悪い	be in bad **health**
	□□□ 0372 空腹を感じる	feel **hungry**
	□□□ 0373 疲れる	become **tired**
	□□□ 0374 太る	get **fat**
	□□□ 0375 視力が悪い	have poor **sight**
	□□□ 0376 この騒音に耐える	**bear** this noise
人間関係について話す	□□□ 0377 ひとりで住んでいる	live **alone**
	□□□ 0378 孤独な人	a **lonely** person
	□□□ 0379 彼女を信じている	**believe** her
	□□□ 0380 その女性を知っている	**know** that woman

bear ～ in mind

bearには「重みに耐えて運ぶ」というコアイメージがある。そこから、目的語の後にin mindを続けると「そのことを心に運んで覚えておく」という意味が出てくる。

health [hélθ ヘルス]	名 健康（状態）(⇔ diséase 病気) ▶ héalthy 形 健康な、健康的な
hungry [hʌ́ŋgri ハングリ]	形 空腹の、腹の減った ▶ húnger 名 空腹
tired [táiərd タイアド]	形 (…で)疲れた (from) be tired of A　Aにうんざりしている
fat [fǽt ファト]	形 ①太った (⇔ thín やせた)　②脂肪の多い 名 脂肪
sight [sáit サイト]	名 ①視力　②見ること ③景色、《the sights で》名所 at the sight of A　Aを見て ▶ sée 他 を見る
bear [béər ベア]	他 ①《活 bore-borne》に耐える、を我慢する ②《活 bore-born》を産む 名 クマ
alone [əlóun アロウン]	副 形 ひとりで
lonely [lóunli ロウンリ]	形 ①孤独な　②さびしい　③人の少ない
believe [bəlíːv ビリーヴ]	他 自 (を)信じる ▶ belíef 名 信念
know [nóu ノウ] 活 knew-known	他 を知っている 自 (…について)知っている、詳しい (about, of)

knowは進行形にしない動詞

knowは「〜を知っている」という状態を表す動詞である。動作の途中を表す進行形はとらない。同じようにlike, wantなども進行形にはしない。

話題を広げる 8

通信・コミュニケーションについて話す

□□□ 0381
情報を見つける | find the **information**

□□□ 0382
インターネット上で | on the **Internet**

□□□ 0383
コンピューターを使う | use a **computer**

□□□ 0384
携帯電話 | a **mobile** phone

□□□ 0385
動画を作る | make **videos**

□□□ 0386
そのファイルを共有する | **share** the file

科学技術について話す

□□□ 0387
その機械を止める | stop the **machine**

□□□ 0388
科学を勉強する | study **science**

□□□ 0389
情報技術 | information **technology**

□□□ 0390
その問題を解決する | **solve** the problem

internet か Internet か

　英語では、固有名詞を大文字で始めるのが基本的な表記法である。Internet は、これまで頭を大文字で表記する固有名詞として扱われてきた。本書でもこの表記を使っている。ところが Internet が普及するにつれて、internet と小文字で表記されることも増えてきた。英語において小文字で表記するのは一般名詞であるため、Internet が固有名詞から一般名詞化してきたという傾向を表している。身の回りの英文で Internet と internet、どちらが使われているか調べてみるのもおもしろいだろう。

information
[ìnfərméiʃən インフォメイション]

图 情報
▶ infórm 他 に知らせる

Internet
[íntərnèt インタネト]

图 《the Internet で》インターネット

computer
[kəmpjú:tər コンピュータ]

图 コンピューター

mobile
[móubəl モウビル] ⑦

形 携帯（電話）の、移動可能な、（簡単に）移動できる
图 携帯電話（＝móbile phóne）

video
[vídiòu ヴィディオウ] 発

图 ①動画、ビデオ　②ビデオテープ
形 動画の

STEP
10

share
[ʃéər シェア]

他 を共有する、分け合う
图 ①割り当て　②（会社の）株

machine
[məʃí:n マシーン]

图 機械

science
[sáiəns サイエンス]

图 科学、理科

technology
[teknálədʒi テクナロヂ]

图 （科学）技術

solve
[sálv サルヴ]

他 （問題など）を解決する、解く
▶ solútion 图 解決法

 「携帯電話」

　ここでは「携帯電話」の英語表現として mobile phone や cell phone を挙げている。現在広く普及している「スマートフォン」については、英語では smart phone か smartphone という。

話題を広げる ⑨

学校について話す

☐☐☐ 0391 大学に通う	go to **college**
☐☐☐ 0392 歴史の授業を受ける	have a history **class**
☐☐☐ 0393 夜間講習を受ける	take an evening **course**
☐☐☐ 0394 服装規定	the dress **code**
☐☐☐ 0395 規則がある	have **rules**

家事について話す

☐☐☐ 0396 皿を洗う	**wash** the dishes
☐☐☐ 0397 夕食をつくる	**cook** dinner
☐☐☐ 0398 リンゴを2つに切る	**cut** an apple in two
☐☐☐ 0399 ごみを集める	collect **garbage**
☐☐☐ 0400 自分の部屋をきれいに保つ	keep my room **clean**

「大学」

「大学」を表す英単語にはcollegeとuniversityがあるが、collegeは一般的に単科大学、universityは総合大学を表す。

college [kάlidʒ カリヂ]	名 (単科)大学
class [klǽs クラス]	名 ①授業　②クラス　③階級、等級 ▶ clássmate 名 同級生
course [kɔ́:rs コース]	名 ① (学校などの)講習、課程　②方向、コース ③ (食事の)1品、コース料理
code [kóud コウド] 発	名 ①規定、規則、法(体系)　②暗号、記号、コード
rule [rú:l ルール]	名 ①規則、ルール　②支配 他 を支配する
wash [wάʃ ワシュ]	他 を洗う、洗濯する 名 洗うこと、洗濯
cook [kúk クク]	他 (食事)をつくる、料理する 名 コック、料理人
cut [kʌ́t カト] 活 cut-cut	他 ①を切る　②を切りとる、切り分ける 自 切れる 名 切り傷
garbage [gάːrbidʒ ガービヂ]	名 ごみ (=trásh)
clean [klíːn クリーン]	形 ①きれいな、清潔な(⇔dírty 汚い) ②汚れていない 他 をきれいにする、そうじする

STEP
10

 「ごみ」

　garbageと併せてtrashも覚えておきたい。garbageが「台所で出るごみ(生ごみ)」を表し、trashは「乾いたごみ」を表す。どちらも不可算名詞であることを覚えておこう。

例文で CHECK!!

話し合いをする	0361 会議の日程を決めよう。	Let's <u>set a date</u> for the meetings.
	0362 私たちは授業中にその問題について話した。	We <u>talked about the problem</u> in the class.
	0363 その計画を見直すのに2週間かかった。	It took us two weeks to <u>review the plan</u>.
	0364 私たちは明日その問題について議論します。	We will <u>discuss the matter</u> tomorrow.
	0365 私たちの会合は日常的な話題に集中した。	Our meeting <u>focused on</u> everyday <u>topics</u>.
	0366 興味があれば、会話に加わってください。	<u>Join the conversation</u> if you're interested.
助けを求める・たずねる	0367 私の宿題を手伝ってもらえませんか。	Can you <u>help me</u> with my homework?
	0368 君を助けてくれる誰かが必要ですか。	Do you <u>need someone</u> to help you?
	0369 私の遅刻を許してください。	Please <u>excuse me for being late</u>.
	0370 お金をいくらか借りることはできますか。	Can I <u>borrow</u> some <u>money</u>?
体の状態や体調について話す	0371 その馬は健康状態が悪い。	The horse <u>is in bad health</u>.
	0372 その少年は空腹を感じた。	The boy <u>felt hungry</u>.
	0373 私は試合のあとで疲れた。	I <u>became tired</u> after the game.
	0374 太ることは私にとって簡単だ。	It's easy for me to <u>get fat</u>.
	0375 私は視力が悪いのでめがねをかけている。	I wear glasses because I <u>have poor sight</u>.
	0376 この騒音に耐えられない。	I can't <u>bear this noise</u>.
人間関係について話す	0377 私の祖母はひとりで住んでいる。	My grandmother <u>lives alone</u>.
	0378 偉大な指導者はしばしば孤独な人だ。	A great leader is often <u>a lonely person</u>.
	0379 私たちははじめ彼女を信じなかった。	At first we didn't <u>believe her</u>.
	0380 私はその女性を知らない。	I don't <u>know that woman</u>.

通信・コミュニケーションについて話す	☐ 0381	私はテレビ番組でその情報を見つけた。	I found the information on the TV program.
	☐ 0382	このかばんをインターネット上で買った。	I got this bag on the Internet.
	☐ 0383	このコースでは、コンピューターの使い方を学べます。	In this course you can learn how to use a computer.
	☐ 0384	自転車に乗っているときは、携帯電話で話してはいけない。	You mustn't talk on a mobile phone when you're riding a bike.
	☐ 0385	このカメラで短い動画を作ることができます。	You can make short videos with this camera.
	☐ 0386	そのファイルを電子メールで共有してもらえますか。	Can you share the file by email?
科学技術について話す	☐ 0387	その機械をどうやって止めるのかわからない。	I don't know how to stop the machine.
	☐ 0388	数学は科学を勉強するための言葉だ。	Math is a language to study science.
	☐ 0389	情報技術は私たちの生活において重要である。	Information technology is important in our life.
	☐ 0390	彼は30分間でその難しい問題を解決した。	He solved the difficult problem in 30 minutes.
学校について話す	☐ 0391	私の姉は広島の大学に通っている。	My sister goes to college in Hiroshima.
	☐ 0392	私たちは毎週歴史の授業を受ける。	We have a history class every week.
	☐ 0393	彼女は夜間講習を受ける予定です。	She will take an evening course.
	☐ 0394	私たちの学校の服装規定は厳しすぎる。	The dress code at our school is too strict.
	☐ 0395	私たちの学校には変な規則がある。	We have strange rules in our school.
家事について話す	☐ 0396	食後に皿を洗いなさい。	Wash the dishes after meals.
	☐ 0397	私の母は彼らのために夕食をつくった。	My mother cooked dinner for them.
	☐ 0398	私はナイフでリンゴを2つに切った。	I cut an apple in two with a knife.
	☐ 0399	彼らは月曜と金曜にごみを収集する。	They collect garbage on Monday and Friday.
	☐ 0400	私はしばしば自分の部屋をきれいに保つことができない。	I often can't keep my room clean.

<table>
<tr><td rowspan="4">人の特徴について話す</td><td>

□□□ 0401

背の高い男の子
</td><td>

a **tall** boy
</td></tr>
<tr><td>

□□□ 0402

小さい女の子
</td><td>

a **little** girl
</td></tr>
<tr><td>

□□□ 0403

いいやつ
</td><td>

a nice **guy**
</td></tr>
<tr><td>

□□□ 0404

そのかわいそうな子ども
</td><td>

the poor **kid**
</td></tr>
<tr><td rowspan="6">病院で話す</td><td>

□□□ 0405

熱がある
</td><td>

have a **fever**
</td></tr>
<tr><td>

□□□ 0406

頭痛がする
</td><td>

have a **headache**
</td></tr>
<tr><td>

□□□ 0407

気分が悪い
</td><td>

feel **sick**
</td></tr>
<tr><td>

□□□ 0408

腕を痛める
</td><td>

hurt my arm
</td></tr>
<tr><td>

□□□ 0409

骨を折る
</td><td>

break a **bone**
</td></tr>
<tr><td>

□□□ 0410

薬を飲む
</td><td>

take **medicine**
</td></tr>
</table>

🐻 「うんざりする」

sickには「病気の」以外に「うんざりして」という意味もあるが、これと同じ意味で tired も使われる。

I'm sick [tired] of doing the laundry every day.
「毎日洗濯をすることにうんざりしている」

tall [tɔ́:l トール]	形 背が高い(⇔shórt 背が低い)
little [lítl リトル] 変 less-least	形 ①小さい、かわいらしい(⇔bíg 大きい) ②年少の、幼い(=yóung) a little A 少しのA little A ほとんど(Aがない)
guy [gái ガイ]	名 やつ、男
kid [kíd キド]	名 子ども(=chíld)
fever [fí:vər フィーヴァ] 発	名 ①熱 ②興奮
headache [hédèik ヘデイク] 発	名 頭痛
sick [sík スィク]	形 ①気分が悪い、吐き気がする ②病気の(⇔wéll, héalthy 健康な) ③うんざりして
hurt [hə́:rt ハート] 発 活 hurt-hurt	他 を痛める、傷つける 自 痛む
bone [bóun ボウン] 発	名 骨
medicine [médəsən メディスィン]	名 ①薬 ②医学

STEP
11

 薬「を飲む」

　「飲む」と聞くとdrink が思い浮かぶが、薬を飲む場合には take が使われる。液体の薬の場合は drinkも使われるが、takeの方が一般的。

場所・位置について話す

□□□ 0411 ここに来る	come **here**
□□□ 0412 そこへ行く	go **there**
□□□ 0413 台湾のあらゆる場所に	**everywhere** in Taiwan
□□□ 0414 この場所を訪れる	visit this **place**
□□□ 0415 よい行楽地	a good holiday **spot**
□□□ 0416 ピクニック場	a picnic **site**
□□□ 0417 その市の商業地区	the city's business **section**
□□□ 0418 横浜に近い	**close** to Yokohama
□□□ 0419 彼の故郷	his **hometown**
□□□ 0420 図書館で本を借りる	borrow books from the **library**

here と there の前に前置詞は入れない

here と there は「ここに」「そこに」という副詞で、この前に前置詞 to を用いるのは誤り。here や there には、方向や場所を表す意味合いがすでに含まれていると考えればよい。

I come here every summer. 「私は毎年夏にここに来る」

here [híər ヒア]	副 ここに[へ]、ここで
there [ðéər ゼア]	副 そこへ[に]、そこで
everywhere [évrihwèər エヴリ(ホ)ウェア]	副 あらゆる場所に[で、を]、どこでも
place [pléis プレイス]	名 ①場所　②住まい 他 を置く、配置する
spot [spát スパト]	名 ①地点(特定の場所)　②しみ 他 ①を見つける、見ぬく　②を汚す
site [sáit サイト]	名 ①場所、遺跡　②敷地
section [sékʃən セクション]	名 ①地区、区画、(切って分けられた)部分　②部門
close [klóus クロウス] 発	形 ①近い、接近した(＝néar)　②親しい 自 他 [klóuz クロウズ] (を)閉じる、閉める(⇔ópen (を)開く)
hometown [hóumtáun ホウムタウン]	名 故郷、ふるさと
library [láibrèri ライブレリ]	名 図書館

STEP
11

🐸 closeの発音

形容詞のcloseは、「クロウス」と濁らずに発音する。一方、動詞のcloseの場合には「クロウズ」となることに注意しよう。

学習日　／　／　／　**171**

□□□ 0421 よい天気	fine **weather**
□□□ 0422 日当たりのよい場所	a **sunny** place
□□□ 0423 くもり空	a **cloudy** sky
□□□ 0424 たくさんの雨の日	a lot of **rainy** days
□□□ 0425 乾燥した夏	a **dry** summer
□□□ 0426 暖かい日	a **warm** day
□□□ 0427 暑すぎる	too **hot**
□□□ 0428 涼しい風	a **cool** wind
□□□ 0429 暗くなる	get **dark**
□□□ 0430 強く吹く	**blow** hard

状況の it

「今日は晴れている」というときは、It is sunny today. とする。この文の主語の it は、「それ」ではなく、天気や時間、温度、明暗、状況などをばくぜんと表す働きをしている。

weather [wéðər ウェザ]	名 天気、天候
sunny [sʌ́ni サニ]	形 日当たりのよい、日の照っている
cloudy [kláudi クラウディ]	形 くもりの
rainy [réini レイニ]	形 雨の
dry [drái ドライ]	形 ①乾燥した、かわいた(⇔wét ぬれた) ②日照りの(⇔ráiny 雨の) 自 かわく 他 をかわかす
warm [wɔ́:rm ウォーム] 発	形 暖かい、温かい(⇔cóld 寒い) 他 を温める
hot [hát ハト]	形 ①暑い、熱い(⇔cóld 寒い)　②辛い
cool [kú:l クール]	形 ①涼しい(⇔wárm 暖かい、温かい) ②かっこいい ③冷静な(⇔hót 興奮した)
dark [dá:rk ダーク]	形 ①暗い(⇔líght 明るい) ②(色が)濃い(⇔líght (色が)薄い) 名 暗闇
blow [blóu ブロウ] 発 活 blew [blú: ブルー]-blown	自 (風が)吹く 名 強打、打撃

STEP
11

It is rainy. と It is raining.

It is raining now. 「今雨が降っている」は、今まさに雨が降っている様子を言うときの表現。一方、It is rainy now. は「今は雨模様だ」という意味で、話している時点で必ずしも雨が降っていなくてもよい。

人の性格について話す

□□□ 0431 彼女の性格を知っている	know her **character**
□□□ 0432 おもしろい女性	a **funny** woman
□□□ 0433 温かいほほえみ	a warm **smile**
□□□ 0434 子どもに親切な	**kind** to children
□□□ 0435 利口な生徒	a **clever** student
□□□ 0436 静かなままでいる	keep **quiet**
□□□ 0437 その内気な女の子	the **shy** girl
□□□ 0438 怠け者	a **lazy** person
□□□ 0439 厳しい先生	a **strict** teacher
□□□ 0440 あの失礼な若者	that **rude** young man

characterのアクセントに注意

日本語の「キャラクター」は「タ」を強く発音するが、英語の場合、アクセントの位置がこれとは異なる。「キャラクター」と頭を強く読むことを意識しよう。

character
[kǽrəktər キャラクタ] 発 ア

名 ①性格 ②(劇などの)登場人物

funny
[fʌ́ni ファニ]

形 ①おもしろい、こっけいな ②奇妙な、変な
▶ fún 名 おもしろいこと

smile
[smáil スマイル]

名 ほほえみ
自 ほほえむ

kind
[káind カインド]

形 親切な、やさしい
名 種類
　a kind of A　Aの一種

clever
[klévər クレヴァ]

形 利口な、頭のよい

quiet
[kwáiət クワイエト]

形 静かな、音[声]を立てない(⇔nóisy, lóud 騒々しい)
(=sílent)

shy
[ʃái シャイ]

形 内気な、恥ずかしがる

lazy
[léizi レイズィ]

形 怠けた、怠惰な

strict
[stríkt ストリクト]

形 ①厳しい ②厳密な

rude
[rú:d ルード]

形 ①失礼な(⇔políte ていねいな)
②野蛮な、教養のない

 種類をたずねる kind

名詞のkindは「種類」を意味する。次のような疑問文でよく用いられる。
What kind of music do you like?「あなたはどんな種類の音楽が好きですか」

例文でCHECK!!

人の特徴について話す

□ 0401	私のいとこは年の割には背の高い男の子だ。	My cousin is a tall boy for his age.
□ 0402	小さい女の子が新聞を売っている。	A little girl is selling newspapers.
□ 0403	彼はいいやつで、私に親切にしてくれる。	He is a nice guy and very kind to me.
□ 0404	私はそのかわいそうな子どもを気の毒に思う。	I feel sorry for the poor kid.

病院で話す

□ 0405	私は今日高熱がある。	I have a high fever today.
□ 0406	私は朝激しい頭痛がした。	I had a bad headache in the morning.
□ 0407	私は気分が悪かったので今日は学校に行かなかった。	I didn't go to school today because I felt sick.
□ 0408	テニスの試合で腕を痛めた。	I hurt my arm in a tennis match.
□ 0409	私は脚の骨を折った。	I broke a bone in my leg.
□ 0410	あなたはこの薬を飲むべきです。	You should take this medicine.

場所について話す

□ 0411	あなたは6月にここに来ましたか。	Did you come here in June?
□ 0412	私は今日の午後そこへ行く予定です。	I will go there this afternoon.
□ 0413	ジョンは台湾のあらゆる場所に行った。	John went everywhere in Taiwan.
□ 0414	400万人近い人々が毎年この場所を訪れる。	Almost four million people visit this place every year.
□ 0415	上野は小さい子どものいる家族にとってよい行楽地だ。	Ueno is a good holiday spot for families with small children.
□ 0416	私たちは川の近くのピクニック場に立ち寄った。	We stopped at a picnic site near the river.
□ 0417	その市の商業地区は駅の周りだ。	The city's business section is around the station.
□ 0418	彼女は横浜に近い町に滞在している。	She is staying in a town close to Yokohama.
□ 0419	私たちは彼の家族を訪ねて彼の故郷へ行った。	We went to his hometown to visit his family.
□ 0420	その図書館では5冊の本を借りることができる。	You can borrow five books from the library.

0421 ハワイでは、人々はよい天気を楽しんでいる。
People enjoy <u>fine</u> <u>weather</u> in Hawaii.

0422 そのネコは日当たりのよい場所で眠った。
The cat slept in <u>a</u> <u>sunny</u> <u>place</u>.

0423 くもり空は雨の印であることがよくある。
<u>A</u> <u>cloudy</u> <u>sky</u> is often a sign of rain.

0424 日本では6月に雨の日が多い。
In Japan, we have <u>a</u> <u>lot</u> <u>of</u> <u>rainy</u> <u>days</u> in June.

0425 北海道の夏は、とても短く乾燥している。
We have <u>a</u> very short, <u>dry</u> <u>summer</u> in Hokkaido.

0426 今日は暖かい日です。
It is <u>a</u> <u>warm</u> <u>day</u> today.

0427 外を歩くには暑すぎる。
It is <u>too</u> <u>hot</u> to walk outside.

0428 涼しい風が海からやってきている。
<u>A</u> <u>cool</u> <u>wind</u> is coming from the sea.

0429 冬には午後5時頃に暗くなる。
It <u>gets</u> <u>dark</u> around 5 p.m. in winter.

0430 外では風が強く吹いていた。
It <u>was</u> <u>blowing</u> <u>hard</u> outside.

0431 君は彼女の性格を知るべきだ。
You should <u>know</u> <u>her</u> <u>character</u>.

0432 私は彼女がおもしろい女性だとわかった。
I found her <u>a</u> <u>funny</u> <u>woman</u>.

0433 彼は温かいほほえみを浮かべて私たちにあいさつした。
He greeted us with <u>a</u> <u>warm</u> <u>smile</u>.

0434 その看護師は子どもに親切だ。
The nurse is <u>kind</u> <u>to</u> <u>children</u>.

0435 私の妹は利口な生徒だ。
My sister is <u>a</u> <u>clever</u> <u>student</u>.

0436 彼女は集団の中にいるとしばしば静かなままでいる。
She often <u>keeps</u> <u>quiet</u> when she is in a group.

0437 その内気な女の子は走り去った。
<u>The</u> <u>shy</u> <u>girl</u> ran away.

0438 彼は初めは怠け者ではなかった。
He was not <u>a</u> <u>lazy</u> <u>person</u> at first.

0439 田中先生は厳しいが親切な先生だ。
Mr. Tanaka is <u>a</u> <u>strict</u> but kind <u>teacher</u>.

0440 私はあの失礼な若者には話しかけない。
I don't speak to <u>that</u> <u>rude</u> <u>young</u> <u>man</u>.

気持ちを伝える ❹

したいことや希望を話す

□□□ 0441 お金がほしい	**want** money
□□□ 0442 彼らに会うことを希望する	**hope** to meet them
□□□ 0443 彼女に会いたいと願う	**wish** to see her
□□□ 0444 平和を祈る	**pray** for peace
□□□ 0445 夢がある	have a **dream**

喜びや感謝を伝える

□□□ 0446 幸せな1日	a **happy** day
□□□ 0447 勉強に楽しみを見出す	take **pleasure** in studying
□□□ 0448 彼に会えてうれしい	**glad** to meet him
□□□ 0449 滞在を楽しむ	**enjoy** my stay
□□□ 0450 来てくれてありがとう	**thank** you for coming

---

 wantの語法

wantは直後に目的語を置くこともあるが、次の2つの形がよく使われる。
▶ want to *do*「…したい」
▶ want A to *do*「A(人)に…してほしい」
  I want to study abroad.「私は海外留学したい」
  I want you to study abroad.「私はあなたに海外留学してほしい」

want [wánt ワント]	他 ① がほしい　② (すること)を望む want to *do* …したい
hope [hóup ホウプ]	他 (すること)を希望する(to *do*)、(…ということ)を希望する(that節) 名 希望、望み hope for A　Aを望む
wish [wíʃ ウィシュ]	他 ① (したい)と願う(to *do*)　② …であればなあ 名 願い
pray [préi プレイ]	自 (…を)祈る(for) 他 を(神などに)祈る
dream [drí:m ドリーム]	名 夢 自 夢を見る 他 を願う、夢見る
happy [hǽpi ハピ]	形 幸せな、うれしい、楽しい(＝glád) be happy to *do* …してうれしい ▶ háppiness 名 幸福
pleasure [pléʒər プレジャ]	名 楽しみ、喜び
glad [glǽd グラド]	形 ① (人が)うれしい(＝háppy) ② 喜んで…する(to *do*)
enjoy [indʒói インヂョイ]	他 を楽しむ enjoy *doing* …することを楽しむ
thank [θǽŋk サンク]	他 をありがたいと思う、に礼を言う 名 《thanksで》感謝 thank A for B　BのことでA(人)に感謝する thanks to A　Aのおかげで

STEP
12

wish のあとに過去形

wishのあとにS＋V（過去形）を続けると、現在の事実と反対、または実現不可能なことを表す。

I wish I bought a big house. 「大きな家を買えたらなあ」

事実や情報を伝える ⑲

回数について話す

□□□ 0451 日に1度	**once** a day
□□□ 0452 君にまた会う	see you **again**
□□□ 0453 決して怒らない	**never** get angry

過去の出来事について説明する

□□□ 0454 3年前に	three years **ago**
□□□ 0455 すでに知っている	**already** know
□□□ 0456 その時まで	until **then**
□□□ 0457 ここに来る	**come** here
□□□ 0458 再び起こる	**happen** again
□□□ 0459 引き分けに終わる	**result** in a draw
□□□ 0460 私の顔を忘れる	**forget** my face

🐻 result のあとに続く前置詞

result のあとに in が続くと、「結果として～につながる」という意味となる。これに対して from を続けると「結果として～から生じる」となる。

A fire resulted in the damage.「ある火事が破損を引き起こした」
The damage resulted from a fire.「その破損は火事によって生じた」

once [wʌ́ns ワンス] 発	副 ①1度、1回　②かつて 接 いったん…すれば
again [əgén アゲン]	副 また、もう1度、再び
never [névər ネヴァ]	副 ①決して…ない　②どんなときでも…でない ③まだ1度も…ない
ago [əgóu アゴウ]	副 (…)前に
already [ɔ:lrédi オールレディ]	副 すでに、もう
then [ðén ゼン]	副 ①その時、(その)当時　②それから、次に ③それなら
come [kʌ́m カム] 活 came-come	自 ①来る　②(目的地に)着く
happen [hǽpən ハプン]	自 (偶然)起こる、生じる 　happen to do　たまたま…する ▶ háppening 名 事件、出来事
result [rizʌ́lt リザルト]	自 ①(…という)(結果に)終わる(in) 　②(結果として)起こる 名 結果 　result from A　Aによって生じる
forget [fərgét フォゲト] 活 forgot-forgotten [forgot]	他 自 ①(を)忘れる、思い出せない(⇔remémber 覚 えている、思い出す) 　②(持ちものなど)を(置き)忘れる 　forget to do　…するのを忘れる 　forget doing　…したのを忘れる

STEP
12

🤓 forget to *do*と forget *do*ing

forgetは to *do*と *do*ingの両方をとるが、この2つは意味が異なる。forget to *do*は
これから「すること」を忘れる、forget *do*ing は「したこと」を忘れるという意味となる。
I forgot to write the letter.「私は手紙を書き忘れた」
I forgot writing the letter.「私は手紙を書いたことを忘れた」

学習日 　　**181**

□□□ 0461 悪い習慣	a bad **habit**
□□□ 0462 ビーチに行く	**go** to the beach
□□□ 0463 散歩をする	take a **walk**
□□□ 0464 クラスの人たちにあいさつをする	**greet** the class
□□□ 0465 鳥たちにえさをやる	**feed** birds
□□□ 0466 ベッドで寝る	**sleep** in a bed
□□□ 0467 早く起きる	get up **early**
□□□ 0468 いっしょに遊ぶ	play **together**
□□□ 0469 私たちのウサギの世話をする	take **care** of our rabbits
□□□ 0470 裏庭	the back **yard**

go＋形容詞

goは〈go＋to＋名詞〉という使い方が一般的だが、〈go＋形容詞〉の形で使われることもある。この場合、マイナスの意味を表すことが多い。

The food went bad.「その食べ物は腐った」

470 !!

habit [hǽbət ハビト]	图 習慣、くせ
go [góu ゴウ] 活 went-gone	自 ①行く(⇔cóme 来る)　②去る
walk [wɔ́:k ウォーク]	图 散歩 自 歩く、散歩をする ▶ wálking 图 歩くこと
greet [grí:t グリート]	他 にあいさつをする ▶ gréeting 图 あいさつ
feed [fí:d フィード] 活 fed-fed [féd フェド]	他 にえさをやる、食べものを与える
sleep [slí:p スリープ] 活 slept-slept	自 寝る、眠る(⇔wáke 目をさます)、睡眠をとる 图 眠り、睡眠
early [ə́:rli アーリ] 発	副 早く、早めに(⇔láte 遅く) 形 早い、初期の
together [təgéðər トゲザ]	副 いっしょに、共に together with A　Aといっしょに
care [kéər ケア]	图 ①世話　②注意　③心配 自 気にする ▶ cáreful 形 注意深い
yard [já:rd ヤード]	图 ①(中)庭　②工場、作業場 ③ヤード《=3フィート(約91.44センチ)》

STEP
12

他動詞のwalk

walkには、他動詞として「を歩かせる」「を散歩させる」という意味の使い方もある。

I wasn't able to walk my dog yesterday.

「私は昨日、犬を散歩させられなかった」

身の回りのものについて話す

□□□ 0471 たくさんのもの	a lot of **things**
□□□ 0472 まな板	a cutting **board**
□□□ 0473 布1枚	a piece of **cloth**
□□□ 0474 金の延べ棒	a gold **bar**
□□□ 0475 石のブロック	stone **blocks**
□□□ 0476 棚の上に	on the **shelf**
□□□ 0477 料理道具	a kitchen **tool**
□□□ 0478 強いひも	a strong **band**
□□□ 0479 前輪	a front **wheel**
□□□ 0480 宝石店	a **jewelry** shop

 clothes

clothesは「布」の複数形のように見えるが、clothは不可算名詞。clothesは「衣服」
という意味の不可算名詞だと知っておこう。

I washed my clothes by myself.「私は自分の服を自分で洗った」

thing [θíŋ スィング]	名 ①もの、こと ②《thingsで》物事、事態
board [bɔ́:rd ボード]	名 ①板 ②掲示板 他 (船など)に乗り込む on board (乗り物に)乗って、搭乗して
cloth [klɔ́:θ クロース]	名 布 ▶ clóthes 名 服
bar [bá:r バー]	名 ①棒、横長の台 ②酒場、バー
block [blák ブラク]	名 ①ブロック、大きなかたまり ②街区、ブロック 他 をふさぐ
shelf [ʃélf シェルフ] 複 shelves [ʃélvz シェルヴズ]	名 棚
tool [tú:l トゥール] 発	名 道具、手段
band [bǽnd バンド]	名 ①ひも、帯、ベルト ②楽団、バンド
wheel [hwí:l (ホ)ウィール]	名 車輪、ハンドル
jewelry [dʒú:əlri ヂューエルリ]	名 《集合的に》宝石類 ▶ jéwel 名 宝石

STEP
12

 bar

barは「酒場」の意味があるが、酒場のカウンターが横木であったことに由来するという説が有力。また、barは「法廷」という意味もある。これは、昔のイギリスの裁判所で、裁判官や当事者がいる場所と傍聴人席との間に長い手すりがあったことに由来する。

したいことや希望を話す

☐ 0441	彼女はドイツに行くお金がほしい。	She <u>wants</u> <u>money</u> to go to Germany.
☐ 0442	8月に彼らに会うことを希望しています。	I <u>hope</u> <u>to</u> <u>meet</u> <u>them</u> in August.
☐ 0443	私はすぐに彼女に会いたいと願っている。	I <u>wish</u> <u>to</u> <u>see</u> <u>her</u> soon.
☐ 0444	私たちは教会で平和を祈った。	We <u>prayed</u> <u>for</u> <u>peace</u> in the church.
☐ 0445	私は科学者になる夢がある。	I <u>have</u> <u>a</u> <u>dream</u> to be a scientist.

喜びや感謝を伝える

☐ 0446	私は友達といっしょに幸せな1日を過ごした。	I had <u>a</u> <u>happy</u> <u>day</u> with my friends.
☐ 0447	私は最近勉強に楽しみを見出している。	I <u>take</u> <u>pleasure</u> <u>in</u> <u>studying</u> these days.
☐ 0448	私は昨日彼に会えてうれしかった。	I was <u>glad</u> <u>to</u> <u>meet</u> <u>him</u> yesterday.
☐ 0449	私はカナダでの滞在を楽しんだ。	I <u>enjoyed</u> <u>my</u> <u>stay</u> in Canada.
☐ 0450	私たちのパーティーに来てくれてありがとう。	<u>Thank</u> <u>you</u> <u>for</u> <u>coming</u> to our party.

回数について話す

☐ 0451	私は1日に1度お風呂に入る。	I take a bath <u>once</u> <u>a</u> <u>day</u>.
☐ 0452	君にまた会えてうれしい。	I am happy to <u>see</u> <u>you</u> <u>again</u>.
☐ 0453	私の父は私のことを決して怒らない。	My father <u>never</u> <u>gets</u> <u>angry</u> with me.

過去の出来事について説明する

☐ 0454	彼は3年前にタイにいた。	He was in Thailand <u>three</u> <u>years</u> <u>ago</u>.
☐ 0455	彼はその知らせをすでに知っていた。	He <u>already</u> <u>knew</u> the news.
☐ 0456	彼はその時まで何も言わなかった。	He didn't say anything <u>until</u> <u>then</u>.
☐ 0457	私は昨日昼食を食べるためにここに来た。	I <u>came</u> <u>here</u> for lunch yesterday.
☐ 0458	これが再び起こらないように君は注意するべきだ。	You should be careful so that this does not <u>happen</u> <u>again</u>.
☐ 0459	その試合は引き分けに終わった。	The game <u>resulted</u> <u>in</u> <u>a</u> <u>draw</u>.
☐ 0460	君のお母さんは私の顔を忘れているかもしれない。	Your mother may <u>forget</u> <u>my</u> <u>face</u>.

0461	悪い習慣をやめるのは難しい。	It is hard to break <u>a</u> <u>bad</u> <u>habit</u>.	
0462	明日ビーチに行こう。	Let's <u>go</u> <u>to</u> <u>the</u> <u>beach</u> tomorrow.	
0463	私はイヌといっしょに散歩をした。	I <u>took</u> <u>a</u> <u>walk</u> with my dog.	
0464	教室に入る時にはクラスの人たちにあいさつをするようにしなさい。	Be sure to <u>greet</u> <u>the</u> <u>class</u> when you come into the classroom.	
0465	私たちは朝一番に庭で鳥たちにえさをやる。	We <u>feed</u> <u>birds</u> in the garden first thing in the morning.	
0466	その赤ちゃんはベッドで寝ている。	The baby is <u>sleeping</u> <u>in</u> <u>a</u> <u>bed</u>.	
0467	私の祖父は早く起きる。	My grandfather <u>gets</u> <u>up</u> <u>early</u>.	
0468	私たちは公園でいっしょに遊んだ。	We <u>played</u> <u>together</u> in the park.	
0469	私の兄は私たちのウサギの世話をする。	My brother <u>takes</u> <u>care</u> <u>of</u> <u>our</u> <u>rabbits</u>.	
0470	私の父は裏庭で車を洗っている。	My father is washing his car in <u>the</u> <u>back</u> <u>yard</u>.	

STEP
12

0471	私たちはその店でたくさんのものを買った。	We bought <u>a</u> <u>lot</u> <u>of</u> <u>things</u> at the store.	
0472	まな板の上にそのトマトを置いて。	Put the tomato on <u>the</u> <u>cutting</u> <u>board</u>.	
0473	私に布を1枚ください。	Please give me <u>a</u> <u>piece</u> <u>of</u> <u>cloth</u>.	
0474	この金の延べ棒は重い。	<u>This</u> <u>gold</u> <u>bar</u> is heavy.	
0475	石のブロックが地面にあった。	There were <u>stone</u> <u>blocks</u> on the ground.	
0476	棚の上にその皿を置きなさい。	Put the dishes <u>on</u> <u>the</u> <u>shelf</u>.	
0477	この店は料理道具を販売している。	This store sells <u>kitchen</u> <u>tools</u>.	
0478	私はその紙を束ねるために強いひもを使った。	I used <u>a</u> <u>strong</u> <u>band</u> to hold the paper together.	
0479	右の前輪が壊れている。	<u>The</u> right <u>front</u> <u>wheel</u> is broken.	
0480	かどに宝石店がある。	There is <u>a</u> <u>jewelry</u> <u>shop</u> on the corner.	

1 チャンクを確認しよう

これまでに学んだチャンクを使って、次のカッコ内に1語ずつ英単語を入れてみよう。確認したら、チャンクを繰り返し言ってみよう。

①バレーボールをするのが好きだ　　　like (**playing**) volleyball

②バレーボールをやり始める　　　(**start**) (**to**) play volleyball

③バレーボールが得意である　　　be (**good**) (**at**) playing volleyball

④バレーボールを毎日練習する　　　(**practice**) volleyball every day

⑤8月の試合に勝つ　　　(**win**) a game in August

2 言ってみよう

英語の部分を隠して、次の日本語を英語にしてみよう。
日本語を見て英語がすぐに出てくるように繰り返し言ってみよう。

▶私はバレーボールをするのが好きです。
　(**I like playing volleyball.**)

▶そして、私はバレーボール部に入っています。
　(**And I am in the volleyball club.**)

▶私たちは、先月バレーボールをやり始めました。
　(**We started to play volleyball last month.**)

▶だから、私たちはバレーボールをするのが得意ではありません。
　(**So, we aren't good at playing volleyball.**)

▶しかし、私たちは8月の試合に勝つために毎日バレーボールを練習しています。
　(**But we practice volleyball every day to win a game in August.**)

上の文を参考にして、自分自身の趣味やスポーツ活動について短いスピーチをしてみよう。

I like... ....

I started ... （いつから） ....

（上手かどうか、好きな理由など） ....

188

CROWN Chunk Builder

Basic

LEVEL

2

CEFR-J A2レベル

行動を相手に説明する ❶

食事をする・レストランで話す

▢▢▢ 0481 紙の皿	a paper **plate**
▢▢▢ 0482 新鮮な野菜	**fresh** vegetables
▢▢▢ 0483 軽食を食べる	have a **snack**
▢▢▢ 0484 コーヒーを出す	**serve** coffee
▢▢▢ 0485 勘定を払う	pay the **bill**

経験について語る

▢▢▢ 0486 今までに…に行ったことがあるか	Have you **ever** been to …?
▢▢▢ 0487 よい経験	a good **experience**
▢▢▢ 0488 大成功する	have great **success**
▢▢▢ 0489 時計をなくす	**lose** my watch
▢▢▢ 0490 眠り続ける	**continue** sleeping

snackはお菓子?

「スナック」というと、ポテトチップスなどの「スナック菓子」をイメージするが、英語のsnackは正式な食事ではない間食一般を指す。従って、サンドイッチやケーキ、野菜スティックなどもsnackに含まれる。なお、midnight snackは「夜食」を意味する。

plate [pléit プレイト]	名 (取り)皿、平皿(=dísh (大)皿、料理)
fresh [fréʃ フレシュ]	形 ① 新鮮な、新しい ②生の
snack [snǽk スナク]	名 軽食、スナック 自 軽食を取る
serve [sə́ːrv サーヴ]	他 ① (食べもの)を出す ② (客)に応対する 自 務める、働く ▶ sérvice 名 奉仕、有用、サービス
bill [bíl ビル]	名 ①《英》勘定(書き)、請求書 ②《米》紙幣 ③ 法案
ever [évər エヴァ]	副 ①《疑問文・否定文で》今までに、かつて ②《否定語とともに》どんなときでも(…でない)
experience [ikspíəriəns イクスピアリエンス] 発	名 経験、体験(したこと) 他 を経験する、体験する
success [səksés サクセス] ア	名 ① 成功(⇔ fáilure 失敗) ② 成功したもの[こと]、成功者 ▶ succéed 自 (…に)成功する(in) ▶ succéssful 形 成功した、うまくいった
lose [lúːz ルーズ] 発 活 lost-lost	他 ① (もの・命など)をなくす(⇔ fínd を見つける) ② (道・人など)を見失う 自 負ける(⇔ wín 勝つ) ▶ lóss 名 失うこと、損失
continue [kəntínjuː コンティニュー] ア	他 を(し)続ける(doing, to do) 自 続く ▶ contínual 形 くり返し起こる、断続的な ▶ contínuous 形 絶え間ない

STEP
13

 serve のその他の意味

serve as A で「A として役立つ」という意味もある。
　　This box may serve as a desk.「この箱は机として役に立つかもしれない」
その他、「(テニスなどの) サーブをする」「(役職などを) 務める」などの意味がある。

体全体の動作について話す

□□□ 0491
私の家のそばを通り過ぎる
pass by my house

□□□ 0492
その部屋に入る
enter the room

□□□ 0493
草の上に横になる
lie on the grass

□□□ 0494
私についてくる
follow me

□□□ 0495
家に帰る
return home

□□□ 0496
屋根から落ちる
fall from the roof

複数のものの関係を説明する

□□□ 0497
似たような例
a **similar** example

□□□ 0498
値段に含まれている
be **included** in the price

□□□ 0499
天気次第だ
depend on the weather

□□□ 0500
代わりに行く
go **instead**

lie「嘘をつく」

lie が「嘘をつく」という意味のときは、過去形・過去分詞形は lied になる。また、どの意味のときも現在分詞は lying。

pass [pǽs パス]	圓 ① 通り過ぎる、通る　② (時などが)過ぎ去る ③ (試験などに)合格する 他 ① (料理など)を回す、手渡す　② (時)を過ごす ③ (試験)に合格する pass by　(時が)過ぎる pass by A　Aのそばを通り過ぎる
enter [éntər エンタ]	他 ① (部屋など)に入る　②に加わる、参加する ③に入学する ▶ éntrance 名 入り口、入ること
lie [lái ライ] 活 lay [léi レイ]-lain [léin レイン]	圓 ① (人・動物が)横になる、横たわる ② (ものなどが横にして)ある、置いてある 名 うそ、偽り ▶ líar 名 うそつき《※つづり注意》
follow [fálou ファロウ] 発	他 圓 ① (に)ついていく[くる]、(を)たどる ② (に)続いて起こる　③ (法・規則など)(に)従う ▶ fóllowing 形 次の
return [ritə́:rn リターン]	圓 帰る、もどる(=gò báck, còme báck) 他 を返す 名 ① 帰ること、帰宅[国]　② 返却、返すこと
fall [fɔ́:l フォール] 活 fell-fallen	圓 ① 落ちる、(雨などが)降る　② (人が)倒れる ③ (温度・値段・数量などが)下がる、減る 名 秋(=áutumn)
similar [símələr スィミラ]	形 似ている、類似した be similar to A　Aに似ている ▶ similárity 名 類似(点)
include [inklú:d インクルード]	他 を含む、含める(⇔ exclúde を除外する)
depend [dipénd ディペンド]	圓 ① (…)次第である(on)　② (…を)頼りにする(on) depend on A　A次第である、Aによる ▶ depéndence 名 頼ること、依存 ▶ depéndent 形 頼っている
instead [instéd インステド] 発	副 代わりに instead of A　Aの代わりに

STEP
13

🐻 dependの使い方

dependは進行形をとらないことに注意。
「それは君次第だ」　× It is depending on you.　○ It depends on you.

事実や情報を伝える ②

場所・位置について話す

☐☐☐ 0501 空き地	an open **space**
☐☐☐ 0502 山岳地域	a mountain **area**
☐☐☐ 0503 地元の人たち	**local** people
☐☐☐ 0504 どこにでも座ってよい	can sit **anywhere**
☐☐☐ 0505 市の中心に	at the **center** of the city
☐☐☐ 0506 別々の部屋	**separate** rooms
☐☐☐ 0507 低いいす	a **low** chair
☐☐☐ 0508 私たちの前方に	**ahead** of us
☐☐☐ 0509 遠く離れて	**far** away
☐☐☐ 0510 その車を前に動かす	move the car **forward**

centerとmiddle

centerは円や球の中心点。さらに、「産業や文化などの中心地」という意味もある。
一方、middleは線の中間点や、時間的な中間点を指す。
　　a shopping center「ショッピングセンター」
　　the middle age「中年」

space [spéis スペイス]	名 ① (広い)土地、空間、場所(=róom) 　② 宇宙(空間)
area [éəriə エアリア]	名 ①地域、地方　②領域、分野
local [lóukəl ロウカル]	形 ①地元の、その地方(特有)の　②場所の
anywhere [éni/wèər エニ(ホ)ウェア]	副 ①どこに[へ]でも 　②どこかに[へ]、どこに[へ]も
center [séntər センタ]	名 中心、中心地(=míddle) ▶ céntral 形 中心の
separate [sépərət セパレト]	形 別々の、離れた 他 [sépərèit セパレイト] ①を隔てる、分ける 　②を切り離す、分離する ▶ separátion 名 分離
low [lóu ロウ]	形 ① (高さが)低い(⇔hígh 高い)　② (値段が)安い 　③ (音・声が)低い 副 低く
ahead [əhéd アヘド]	副 前方に、前へ(⇔behínd 後方へ) 　ahead of A　Aの前方に[へ、を]、Aより先に
far [fáːr ファー] 変 farther-farthest further-furthest	形 遠い 副 ①遠くに、遠く(⇔néar 近くに) 　② (比較級を強調して)はるかに
forward [fɔ́ːrwərd フォーワド]	副 前へ、前方へ(⇔báckward 後方へ) 他 を送る、転送する 　look forward to A　Aを楽しみにする

STEP
13

🐻 farの変化

▶ **farther, farthest**：物理的な距離について「より遠い、最も遠い」というときに使う。

▶ **further, furthest**：距離のほか、「さらに、最大限に」など程度を比較するときにも
　　　　　　　　　　　使う。

事実や情報を伝える ❸

<table>
<tr><td rowspan="4">生死・けがや病気について話す</td><td>□□□ 0511
めまいがする</td><td>feel **dizzy**</td></tr>
<tr><td>□□□ 0512
右腕を負傷する</td><td>**injure** my right arm</td></tr>
<tr><td>□□□ 0513
血液検査を受ける</td><td>take a **blood** test</td></tr>
<tr><td>□□□ 0514
老衰で死ぬ</td><td>**die** of old age</td></tr>
<tr><td rowspan="6">体の状態や体調について話す</td><td>□□□ 0515
のどがかわく</td><td>get **thirsty**</td></tr>
<tr><td>□□□ 0516
胃が強い</td><td>have a strong **stomach**</td></tr>
<tr><td>□□□ 0517
患者を助ける</td><td>help **patients**</td></tr>
<tr><td>□□□ 0518
低い声で話す</td><td>speak in a low **voice**</td></tr>
<tr><td>□□□ 0519
五感</td><td>five **senses**</td></tr>
<tr><td>□□□ 0520
寝入る</td><td>fall **asleep**</td></tr>
</table>

 dieとkill

die は「（主に病気やけが、老衰などで）死ぬ」という意味。「（事故や戦争などで突然）死ぬ」というときには、be killed を使うのがふつう。

He died of hunger.「彼は飢えで死んだ」

He was killed in the war.「彼は戦争で死んだ」

dizzy [dízi ディズィ]	形 ①めまいがする ②目がくらむような
injure [índʒər インヂャ] ⑦	他 ①を負傷する、にけがをさせる ②(感情など)を害する ▶ injury[índʒəri インヂャリ] 名 けが
blood [blʌ́d ブラド] 発	名 血 ▶ bléed 自 出血する
die [dái ダイ]	自 (…で)死ぬ(from, of) ▶ death[déθ デス] 名 死 ▶ déad 形 死んだ
thirsty [θə́ːrsti サースティ]	形 ①のどがかわいた ②(…を)渇望して(for) ▶ thírst 名 のどのかわき、渇望
stomach [stʌ́mək スタマク] 発	名 胃、腹(部) ▶ stómachache 名 腹痛、胃痛
patient [péiʃənt ペイシェント] 発	名 患者、病人 形 寛容な、がまん強い ▶ pátience 名 忍耐
voice [vɔ́is ヴォイス]	名 ①声 ②意見
sense [séns センス]	名 ①感覚、感じ ②思慮、分別 ③意味 ▶ sénsitive 形 敏感な
asleep [əslíːp アスリープ]	形 寝て、眠って ▶ sléepy 形 眠い、眠たがる

STEP
13

「高い声」「低い声」

声が「高い／低い」を言う場合は high, low を使う。
▶ in a high voice「高い声で」
▶ in a low voice「低い声で」

食事をする・レストランで話す

	私は紙の皿の上にパンを置いた。	I put some bread on a paper plate.
0481		
0482	毎日新鮮な野菜を食べることが重要だ。	It is important to eat fresh vegetables every day.
0483	私は寝る前によく軽食を食べる。	I often have a snack before I go to bed.
0484	私が彼にコーヒーを出します。	I will serve coffee to him.
0485	誰が勘定を払うのですか。	Who is going to pay the bill?

経験について語る

0486	今までにハワイに行ったことはありますか。	Have you ever been to Hawaii?
0487	ローマに滞在したのは私にとってよい経験だった。	Staying in Rome was a good experience for me.
0488	私の兄は商売で大成功した。	My brother had great success in business.
0489	私は学校で時計をなくした。	I lost my watch at school.
0490	彼は18時間眠り続けた。	He continued sleeping for 18 hours.

体全体の動作について話す

0491	自転車が私の家のそばを通り過ぎた。	A bicycle passed by my house.
0492	彼はその部屋に入ってドアを閉めた。	He entered the room and closed the door.
0493	私たちは緑の草の上に横になった。	We lay on the green grass.
0494	妹はいつも私についてくる。	My little sister follows me all the time.
0495	彼はひとりで家に帰った。	He returned home alone.
0496	彼は屋根から落ちて脚の骨を折った。	He fell from the roof and broke his leg.

複数のものの関係を説明する

0497	似たような例はどこでも見られる。	Similar examples can be found everywhere.
0498	紅茶かコーヒーが値段に含まれている。	Tea or coffee is included in the price.
0499	この計画は天気次第だ。	This plan depends on the weather.
0500	君のお父さんが行かれないなら、君が代わりに行ってもよいですよ。	If your father cannot go, you can go instead.

0501	私たちは空き地でサッカーをした。	We played soccer in an open space.
0502	私の祖父の家は山岳地域にある。	My grandfather's house is in a mountain area.
0503	その地元の人たちは私たちを気に入らなかった。	The local people did not like us.
0504	テーブルの周りのどこにでも座ってよいですよ。	You can sit anywhere around the table.
0505	そのお寺は市の中心にあります。	The temple is at the center of the city.
0506	この会議室は2つの別々の部屋にすることができる。	This meeting room can be made into two separate rooms.
0507	彼は低いいすに座った。	He sat on a low chair.
0508	私たちの前方に町の明かりが見えた。	I saw the lights of the town ahead of us.
0509	彼の家はここから遠く離れていますか。	Is his house far away from here?
0510	彼はその車を少し前に動かした。	He moved the car forward a little.

STEP 13

0511	私は立ち上がる時によくめまいがする。	I often feel dizzy when I stand up.
0512	私は自転車で転んだ時に右腕を負傷しました。	I injured my right arm when I fell off my bike.
0513	医師は私に血液検査を受けるように言った。	The doctor told me to take a blood test.
0514	その男性は老衰で死んだ。	The man died of old age.

0515	アイスクリームを食べたあとでのどがかわいた。	I got thirsty after eating ice cream.
0516	彼は胃が強く、何でも食べられる。	He has a strong stomach and can eat anything.
0517	看護師たちは、患者を助けるために昼夜なく働いている。	Nurses work day and night to help patients.
0518	彼は私だけに聞こえるように低い声で話した。	He spoke in a low voice so that only I could hear.
0519	視覚は五感のひとつである。	Sight is one of the five senses.
0520	私は授業中に寝入った。	I fell asleep during the class.

事実や情報を伝える ❹

□□□ 0521 全世界	the **whole** world
□□□ 0522 最後の部分	the last **part**
□□□ 0523 少しの希望	a **bit** of hope
□□□ 0524 空のびん	an **empty** bottle
□□□ 0525 出生率	the **rate** of birth
□□□ 0526 権力を得る	come to **power**
□□□ 0527 古代の文化	**ancient** culture
□□□ 0528 長い伝統がある	have a long **tradition**
□□□ 0529 名古屋城	Nagoya **Castle**
□□□ 0530 金を発見する	**discover** gold

量や割合について話す

歴史について話す

allとwhole

wholeはふつう複数形や、地名の前には置かない。これらの場合にはallを用いる。
また、theはwholeの場合には前に置く。allのときは名詞の直前に置くことも注意。

「家族全員」○ **the whole family** = **all the family**
「生徒全員」○ **all the students** × the whole students

200 LEVEL 2 A2

whole [hóul ホウル]	形 ①全体の、全部の　②丸…の
part [pá:rt パート]	名 ①部分　②部品　③役目　④(書物の)部、巻 　in part　ある程度 　(a) part of A　Aの一部 ▶ pártial 形 ①部分的な　②不完全な
bit [bít ビト]	名 ①少し　②小片、かけら
empty [émpti エンプティ]	形 空の、(家・部屋などが)空いている(⇔fúll いっぱいで) 他 を空にする
rate [réit レイト]	名 ①率、割合　②速度　③(一定の率による)料金
power [páuər パウア]	名 ①権力　②力、エネルギー　③権限 ▶ pówerful 形 強力な
ancient [éinʃənt エインシェント] 発	形 古代の(⇔módern 現代の)
tradition [trədíʃən トラディション]	名 伝統、しきたり ▶ tradítional 形 伝統的な
castle [kæsl キャスル] 発	名 城
discover [diskʌ́vər ディスカヴァ]	他 を発見する、(初めて)見つける ▶ discóvery 名 発見(すること)

STEP
14

part ofの使い方

part ofのあとに続く名詞が名詞の複数形または不可算名詞の場合には単数扱いになる。
名詞の複数形が続く場合には複数扱いになる。

Part of the work is [×are] finished.
Part of the students are [×is] idle.

事実や情報を伝える ⑤

☐☐☐ 0531 そのソフトウェアを実行する	run the **software**
☐☐☐ 0532 切符をオンラインで入手する	get a ticket **online**
☐☐☐ 0533 私たちのウェブサイトを訪れる	visit our **website**

団体について話す

☐☐☐ 0534 よい仕組みをもっている	have a good **system**
☐☐☐ 0535 野球部の一員	a **member** of the baseball club
☐☐☐ 0536 年少者のサッカーチーム	a **junior** soccer team

道案内をする

☐☐☐ 0537 道路に沿って行く	go along the **road**
☐☐☐ 0538 通りを横断する	**cross** the street
☐☐☐ 0539 駅への方向	the **directions** to the station
☐☐☐ 0540 彼を座席へ案内する	**lead** him to his seat

🐻 junior

　juniorは「～より年下の」という比較の意味が含まれており、be junior to Aで「Aより年下である」という意味となるが、この用法は古く、現在ではほとんど使われない。なお、アメリカでは大学3年生をjunior、大学4年生をseniorという。

software [sɔ́:ftwèər ソーフトウェア]	名 ソフトウェア (⇔ hárdware ハードウェア)
online [ánláin アンライン]	副 形 オンラインで[の]、ネットで[の]
website [wébsàit ウェブサイト]	名 ウェブサイト
system [sístəm スィステム]	名 ①仕組み、体系　②制度　③方式、方法 ▶ systemátic 形 組織的な、系統的な
member [mémbər メンバ]	名 一員、メンバー
junior [dʒú:njər チューニャ]	形 ①年少(者)の、後輩の、下級の(⇔ sénior 年上の) 　②(…より)年下の(to) 名 年少者、後輩
road [róud ロウド] 発	名 道路
cross [krɔ́:s クロース]	他 を横断する、横切る 自 ①横切る、渡る　②交わる、交差する 名 十字架 　cross A off　A を消す
direction [dərékʃən ディレクション]	名 ①方向　②指示 ▶ diréct 形 直接的な　他 (注意など)を向ける
lead [lí:d リード] 活 led-led [léd レド]	他 ①を(…に)案内する、導く(to) 　②の先頭に立つ 自 (…に)通じる(to) ▶ léader 名 指導者、リーダー

STEP 14

hardware と software

hardware はコンピューターや携帯電話などの装置、software はハードウェア上で計算処理を行うプログラム (program) を指す。アプリ (app) は software の一種で、ワープロやゲームなど、ユーザーが何らかの目的で使用するプログラムのこと。

話題を広げる ❶

教育や学習について話す	□□□ 0541 高等教育	higher **education**
	□□□ 0542 努力する	make **efforts**
	□□□ 0543 中国語を理解する	**understand** Chinese
	□□□ 0544 レポートを書く	write a **report**
	□□□ 0545 誤りを犯す	make a **mistake**
スポーツについて話す	□□□ 0546 オリンピックを主催する	**host** the Olympic Games
	□□□ 0547 ボールを打つ	**hit** the ball
	□□□ 0548 トップのスポーツ選手	a top **athlete**
	□□□ 0549 チャンスを得る	get the **chance**
	□□□ 0550 岩に登る	climb a **rock**

 chanceの語法

名詞のa chanceにto doとto不定詞を続けてa chance to doとすると、「…する機会、チャンス」という意味。

have a chance to talk with him「彼と話す機会がある」

一方、動詞のchance to doは、「偶然…する」という意味になる。

I chanced to meet him at the station.「私は偶然駅で彼に会った」

204　LEVEL 2 A2

education [èdʒəkéiʃən エヂュケイション]	名 教育 ▶ éducate 他 を教育する ▶ educátional 形 教育の、教育的な
effort [éfərt エフォト] 発	名 努力 make an effort[efforts] 努力する
understand [Àndərstǽnd アンダスタンド] 変 understood-understood	他 を理解する、がわかる ▶ understánding 名 知識、理解
report [ripɔ́:rt リポート] 発	名 レポート、報告 他 を報告する、報道する、届け出る
mistake [mistéik ミステイク]	名 誤り、間違い、誤解 (= érror) 他 を間違える by mistake 誤って
host [hóust ホウスト] 発	他 を主催する、(パーティー・会合など)の主人役を務める 名 ① (客を招いてもてなす)主人 (⇔ gúest 客) ② 主催者
hit [hít ヒト] 変 hit-hit	他 ① を打つ ② をぶつける ③ (天災・不幸などが)を襲う 自 打つ (= stríke)
athlete [ǽθli:t アスリート] ア	名 スポーツ選手、競技者 ▶ athlétic 形 運動の
chance [tʃǽns チャンス]	名 ① チャンス、機会 ② 見込み、可能性 by chance 偶然に、たまたま
rock [rák ラク]	名 岩 ▶ rócky 形 岩の多い

STEP
14

report の用法

人に対して「報告する」は、report A ではなく、report to A と言う。
Please report to me when you finish. 「終わったら私に報告してください」

社会について話す

□□□ 0551 公式訪問	an **official** visit
□□□ 0552 私たちの共通の友達	our **common** friend
□□□ 0553 よいコミュニケーションをとる	have good **communication**
□□□ 0554 昔からの慣習を守る	keep the old **customs**
□□□ 0555 法律に反して	against the **law**
□□□ 0556 公共のバス	a **public** bus
□□□ 0557 人間社会	human **society**
□□□ 0558 人類の歴史で初めて	for the first time in **human** history
□□□ 0559 教育の価値	the **value** of education
□□□ 0560 現代	**modern** times

customの形容詞用法

アメリカ英語では、customで「注文品の」という意味がある。自分好みの仕様に変えることを意味する「カスタマイズ」(customize) は、この意味のcustomが動詞化したもの。

official [əfíʃəl オフィシャル] ア	形 公式の、公認[用]の 名 公務員、職員 ▶ óffice 名 事務所、会社
common [kámən カモン]	形 ①共通の、公共の ②ふつうの
communication [kəmjù:nəkéiʃən コミューニケイション]	名 ①コミュニケーション、連絡、伝達 ②通信 ③情報、手紙 ▶ commúnicate 他 を伝達する 自 連絡を取る
custom [kástəm カスタム]	名 ① (社会の)慣習、風習 ②《customsで単数扱い》税関
law [lɔ́: ロー]	名 法律、法則 ▶ láwyer 名 弁護士
public [pÁblik パブリク]	形 公共の、公の(⇔ príkvate 個人的な) 名 大衆
society [səsáiəti ソサイアティ]	名 ①社会 ②協会、クラブ ▶ sócial 形 社会的な
human [hjú:mən ヒューマン]	形 ①人類の、人間の ②人間的な、人間らしい 名 人間(＝húman béing)
value [vǽlju: ヴァリュー]	名 ①価値 ②価格 他 を評価する ▶ váluable 形 価値のある
modern [mádərn マダン] ア	形 ①現代の、近代の(⇔ áncient 古代の) ②現代的な

STEP
14

public school

イギリスの名門私立学校は public school と呼ばれている。これは、産業革命の時代に、貴族でなくても質の高い教育を受けられるように、身分や家柄に関係なく、広く一般に学べる学校がつくられたことに由来する。アメリカでは、public school は「公立学校」を意味する。

量や割合について話す	0521	彼は若い頃に全世界を旅した。	He traveled the whole world when he was young.
	0522	彼はその物語の最後の部分を読んだ。	He read the last part of the story.
	0523	まだ少しの希望がある。	There is still a bit of hope.
	0524	私は空のびんを捨てた。	I threw away an empty bottle.
	0525	日本では出生率が低い。	The rate of birth is low in Japan.
歴史について話す	0526	秀吉は、信長が亡くなったあとに権力を得た。	Hideyoshi came to power after Nobunaga died.
	0527	彼は古代の文化に興味がある。	He is interested in ancient culture.
	0528	その祭りには長い伝統がある。	The festival has a long tradition.
	0529	名古屋城は1610年に築かれた。	Nagoya Castle was built in 1610.
	0530	1848年、カリフォルニアで金が発見された。	In 1848, gold was discovered in California.
情報について話す インターネット・IT・	0531	あなたはどのコンピューター上でもそのソフトウェアを実行することができる。	You can run the software on any computer.
	0532	私は東京行きの切符をオンラインで入手した。	I got a ticket to Tokyo online.
	0533	より多くの情報については、私たちのウェブサイトを訪れてください。	For more information, please visit our website.
団体について話す	0534	私たちはお年寄りを助けるためのよい仕組みをもっている。	We have a good system to help old people.
	0535	ジュンは野球部の一員だ。	Jun is a member of the baseball club.
	0536	この年少者(子ども向け)のサッカーチームは18歳未満の選手のためのものだ。	This junior soccer team is for players under 18.
道案内をする	0537	赤い家が見えるまで道路に沿って行ってください。	Go along the road until you see a red house.
	0538	左に曲がって通りを横断してください。	Turn left and cross the street.
	0539	駅への方向を教えてくれますか。	Can you give me the directions to the station?
	0540	その少女は彼を座席へ案内した。	The girl led him to his seat.

0541	彼女はロサンゼルスで高等教育を受けた。	She received higher education in Los Angeles.
0542	私たちは英語を習得する努力をした。	We made efforts to learn English.
0543	彼が中国語を理解できるかどうか私は知らない。	I don't know if he understands Chinese.
0544	私はアメリカの歴史についてレポートを書いた。	I wrote a report about American history.
0545	私は試験で大きな誤りを犯した。	I made a big mistake on the test.

0546	ブラジルは2016年にオリンピックを主催した。	Brazil hosted the Olympic Games in 2016.
0547	彼は強く速くボールを打った。	He hit the ball hard and fast.
0548	田中さんはトップのスポーツ選手だ。	Mr. Tanaka is a top athlete.
0649	彼はどうやってあのチームに加わるチャンスを得たのですか。	How did he get the chance to join that team?
0550	私たちは大きな岩に登るのを楽しむ。	We enjoy climbing large rocks.

0551	王は、その国を公式訪問した。	The king paid an official visit to the country.
0552	エリックは私たちの共通の友達です。	Eric is our common friend.
0553	私たちはお互いによいコミュニケーションをとっている。	We have good communication with each other.
0554	その村の人々は昔からの慣習を守っている。	People in the village keep the old customs.
0555	ここでたばこを吸うのは法律に反している。	It is against the law to smoke here.
0556	公共のバスが1時間ごとに駅を出発する。	A public bus leaves the station every hour.
0557	人間社会は場所により大いに異なる。	Human society is different from place to place.
0558	彼らは人類の歴史で初めて月へ行った。	They went to the moon for the first time in human history.
0559	私の両親は教育の価値を信じている。	My parents believe in the value of education.
0560	インターネットは現代の象徴である。	The Internet is a symbol of modern times.

STEP
14

話題を広げる ❸

□□□ 0561 自然の力	the power of **nature**
□□□ 0562 小枝	a small **branch**
□□□ 0563 野生の花	**wild** flowers
□□□ 0564 木で造られた家	a house made of **wood**
□□□ 0565 茂みを見る	see a **bush**
□□□ 0566 植物に水をやる	water the **plants**
□□□ 0567 その植物の根	the **root** of the plant
□□□ 0568 高い波	tall **waves**
□□□ 0569 天然ガス	natural **gas**
□□□ 0570 地球という惑星	the **planet** Earth

 wood

woodは「木材」の意味では単数形、「森」の意味では複数形で使われる。
This desk is made of wood.「この机は木で造られている」
Can you see the woods over there?「向こうに森が見えますか」

nature [néitʃər ネイチャ]	名 ①自然 ②性質 ▶ nátural 形 ①自然の ②当然の
branch [brǽntʃ ブランチ]	名 ①(木の)枝 ②部門、支店
wild [wáild ワイルド] 発	形 ①野生の ②未開の、自然のままの ③荒れた ④乱暴な
wood [wúd ウド]	名 ①木、木材 ②《woodsで》森林(=fórest)
bush [búʃ ブシュ]	名 茂み、低木
plant [plǽnt プラント]	名 ①植物 ②工場(=fáctory) 他 を植える
root [rúːt ルート]	名 ①根 ②原因、根源 形 ①根の ②根本の 他 を根づかせる
wave [wéiv ウェイヴ]	名 波 自 ①手を振る ②揺れる 他 を振る
gas [gǽs ギャス] 発	名 ①ガス、気体 ②ガソリン(=gásolìne)
planet [plǽnit プラニト]	名 惑星

STEP
15

🐻 bushのイディオム

▶ beat around the bush 「遠回しに言う、要点に触れない」
Don't beat around the bush and tell me what you want.
「遠回しに言うのはやめて、ほしいものを言いなさい」

気持ちを伝える

プラスの気持ちを表現する

□□□ 0571 喜びでいっぱいで	full of **joy**
□□□ 0572 おもしろがっているように見える	look **amused**
□□□ 0573 安心を感じる	feel **safe**
□□□ 0574 夕食後にくつろぐ	**relax** after dinner
□□□ 0575 全員を感動させる	**impress** everyone

マイナスの気持ちを表現する

□□□ 0576 イライラするようになる	grow **nervous**
□□□ 0577 ショックを受ける	get a **shock**
□□□ 0578 その知らせに取り乱す	be **upset** by the news
□□□ 0579 悩みがある	have **trouble**
□□□ 0580 満員電車が嫌いだ	**hate** crowded trains

upsetのイメージ

upsetは、広く「平常心ではない状況」を表す。She is upset about you. と言うと、「彼女は君に腹を立てている」という意味となるが、緊張や不安、気が動転しているようなときにも幅広く使える。

joy [dʒɔ́i ヂョイ]	图 喜び、うれしさ(⇔ sórrow 悲しみ) ▶ enjóy 他 を楽しむ
amused [əmjú:zd アミューズド]	形 おもしろがって、楽しげな ▶ amúsement 图 おもしろさ、楽しみ ▶ amúse 他 を楽しませる
safe [séif セイフ]	形 ①安心な、安全な(⇔ dángerous 危険な) ②無事な 图 金庫 ▶ sáfety 图 安全、無事
relax [riláeks リラクス]	自 くつろぐ 他 をくつろがせる ▶ reláxed 形 くつろいだ ▶ reláxing 形 くつろがせる
impress [imprés インプレス]	他 ①を感動させる ②に印象づける be impressed with A Aに感動する ▶ impréssion 图 印象
nervous [nə́:rvəs ナーヴァス]	形 ①イライラして、神経質な、怒りっぽい ②心配して、不安で ▶ nerve[nə́:rv ナーヴ] 图 神経
shock [ʃɑ́k シャク]	图 ①ショック ②衝撃 他 に衝撃を与える ▶ shócking 形 衝撃的な、ショックを与える ▶ shócked 形 ショックを受けた、驚いた
upset [ʌ̀psét アプセト]	形 (…に)取り乱した、腹を立てた(by, about) 他 《圏 upset-upset》を動転させる、うろたえさせる
trouble [trʌ́bl トラブル]	图 ①悩み、迷惑 ②心配(事)、問題点 be in trouble 困っている ▶ tróublesome 形 面倒な、厄介な
hate [héit ヘイト]	他 を(ひどく)嫌う、憎む

 ヘイトスピーチ

人種や宗教、国籍などを理由にした差別や憎悪を表した演説を、hate speech「ヘイトスピーチ」という。言論の自由の例外として規制されるべきだ、という考えが世界に広まりつつあるが、何がヘイトスピーチにあたるかは意見が必ずしも一致していない。

STEP
15

学習日 / / / **213**

事実や情報を伝える ⑥

人の特徴について話す

□□□ 0581 天使のように歌う	sing like an **angel**
□□□ 0582 弱くなる	get **weak**
□□□ 0583 勇敢な若者	a **brave** young man
□□□ 0584 礼儀正しい返事	a **polite** answer
□□□ 0585 大ばか者	a great **fool**

人間関係について話す

□□□ 0586 親密な友情	a close **friendship**
□□□ 0587 家族のつながり	family **ties**
□□□ 0588 彼女と結婚する	**marry** her
□□□ 0589 若い夫婦	a young **couple**
□□□ 0590 彼の家族を支える	**support** his family

「濃い、薄い」

コーヒーやお茶などが「濃い、薄い」と言うときは、strong, weak を使う。

My mother likes strong coffee with milk.
「母は濃いコーヒーにミルクを入れたのが好きだ」
My father drinks a lot of cups of weak tea every day.
「父は毎日何杯も薄い紅茶を飲む」

angel
[éindʒəl エインヂェル] 発

图 ①天使、②天使のような人、とても優しい人

weak
[wíːk ウィーク]

形 ①弱い(⇔stróng 強い) ②(液体などが)薄い
▶ wéakness 图 弱さ、弱点

brave
[bréiv ブレイヴ]

形 勇敢な、勇ましい
▶ bravery[bréivəri ブレイヴァリ] 图 勇敢さ

polite
[pəláit ポライト]

形 礼儀正しい(⇔impolíte, rúde 無礼な)

fool
[fúːl フール]

图 ばか者、愚か者
他 をばかにする、だます
▶ fóolish 形 ばかげた

friendship
[fréndʃip フレンドシプ]

图 友情

tie
[tái タイ]

图 ①《tiesで》つながり、関係 ②ネクタイ
　③同点、互角
他 を(…と)結ぶ(to)

STEP
15

marry
[mǽri マリ]

他 と結婚する
　be[get] married to A　Aと結婚している[する]
▶ márriage 图 結婚

couple
[kʌ́pl カプル] 発

图 ①夫婦、カップル ②2つ、1組
　a couple of A　2つのA

support
[səpɔ́ːrt サポート] ア

他 ①を支える、支持する ②を養う
图 支持、支援
　in support of A　Aを支持して

 marryの語法

marryは他動詞であることに注意。
　「彼と結婚する」 ○marry him ×marry with him
　また、受動態で「Aと結婚している」be married to Aという表現があるが、このときに日本語の連想から、前置詞にwithを使わないように注意。
　He is married to my cousin. 「彼は私のいとこと結婚している」

学習日 ／ ／ ／ **215**

事実や情報を伝える ❼

0591 困難な状況	a difficult **situation**
0592 状態が悪い	be in bad **condition**
0593 問題を引き起こす	**cause** problems
0594 何も食べずに	**without** eating anything
0595 両腕を広げる	**spread** my arms
0596 君の手を上げる	**raise** your hand
0597 彼の耳を引っぱる	**pull** his ear
0598 印をつける	make a **mark**
0599 イヌに向かって叫ぶ	**shout** at the dog
0600 鳥を撃つ	**shoot** a bird

人やものの状態について話す

体の一部の動作について話す

---

raiseのさまざまな意味

raiseは、「子どもを育てる」と言う意味もある。
She raised three children. 「彼女は3人の子どもたちを育てた」
また、raiseには「お金を集める」という意味もある。
We raised money for charity. 「私たちは慈善事業のためにお金を集めた」

situation [sìtʃuéiʃən スィチュエイション]	名 ①状況、立場　②事態
condition [kəndíʃən コンディション]	名 ①状態、状況　②条件
cause [kɔ́ːz コーズ] 発	他 を引き起こす、の原因となる 名 原因、理由(⇔ efféct 結果)
without [wiðáut ウィザウト]	前 ①…せずに、…なしで 　②…のない(⇔ with …のある)
spread [spréd スプレド] 発 活 spread-spread	他 を広げる(⇔ fóld を折りたたむ) 自 広がる 名 広がり
raise [réiz レイズ]	他 ①を上げる、持ち上げる　②を育てる、養う 名 昇給
pull [púl プル]	他 を引っぱる、引く(⇔ púsh を押す)
mark [máːrk マーク]	名 ①印、しみ、跡　②記号 他 に印をつける
shout [ʃáut シャウト]	自 叫ぶ、大声を出す(= crý) 名 叫び声、大声
shoot [ʃúːt シュート] 発 活 shot-shot [ʃát シャト]	他 自 (を)撃つ ▶ shót 名 発砲、発射

 mark

markはイギリス英語では「得点」の意味にもなる。

a good mark「良い点」　**give full marks**「満点を与える」

アメリカでは、markの代わりにscoreやgradeを使うのがふつう。なお、選択式のテストで「解答にマークしなさい」と指示文に書かれている場合があるが、英語でもmark the correct answer「正しい答えにマークしなさい」と言う。

自然について話す	☐ 0561	自然の力は君が思っているよりずっと強い。	The power of nature is much stronger than you think.
	☐ 0562	小枝を切るために、この道具を使ってください。	Please use this tool to cut smaller branches.
	☐ 0563	私たちは向こうに多くの野生の花を見ることができる。	We can see many wild flowers over there.
	☐ 0564	木で造られた家は冬でも暖かい。	A house made of wood is warm even in winter.
	☐ 0565	私たちはその庭でいくつかの茂みを見た。	We saw some bushes in the garden.
	☐ 0566	彼らは庭の植物に水をやるのを楽しむ。	They enjoy watering the plants in the garden.
	☐ 0567	その植物の根は薬として使うことができる。	The roots of the plant can be used as medicine.
	☐ 0568	海の上に高い波が見えた。	Tall waves were seen on the sea.
	☐ 0569	アメリカ合衆国は大量の天然ガスを産出している。	The USA produces a lot of natural gas.
	☐ 0570	地球という惑星は美しい。	The planet Earth is beautiful.
プラスの気持ちを表現する	☐ 0571	私たちは彼女にまた会って、喜びでいっぱいだった。	We were full of joy at meeting her again.
	☐ 0572	彼女は、彼の考えをおもしろがっているように見えた。	She looked amused at his idea.
	☐ 0573	私は友達といっしょにいると安心を感じる。	I feel safe when I am with my friends.
	☐ 0574	私たちは夕食後にテレビを見てくつろいだ。	We relaxed after dinner by watching TV.
	☐ 0575	彼女のスピーチは全員を感動させた。	Her speech impressed everyone.
マイナスの気持ちを表現する	☐ 0576	彼は騒音にイライラするようになった。	He grew nervous about the noise.
	☐ 0577	私は値段を見てショックを受けた。	I got a shock when I saw the price.
	☐ 0578	彼女はその知らせに本当に取り乱した。	She was really upset by the news.
	☐ 0579	私たちは娘についてたくさんの悩みがある。	We have a lot of trouble with our daughter.
	☐ 0580	私は朝の満員電車が嫌いだ。	I hate crowded trains in the morning.

0581	その少女は天使のようにすばらしく歌っている。	The girl is singing wonderfully like an angel.
0582	私の両脚は弱くなっている。	My legs are getting weaker.
0583	その少年は勇敢な若者になった。	The boy became a brave young man.
0584	彼は私に礼儀正しい返事をした。	He gave me a polite answer.
0585	君は大ばか者だ。	You are a great fool.

0586	私たちは親密な友情を築いてきた。	We have developed a close friendship.
0587	家族のつながりは私にとって最も重要だ。	Family ties are the most important for me.
0588	私の兄は6月に彼女と結婚するだろう。	My brother will marry her in June.
0589	若い夫婦が私の隣に座った。	A young couple sat next to me.
0590	ハーバーさんは彼の家族を支えるために一生懸命働いている。	Mr. Herber works hard to support his family.

0591	彼は仕事で困難な状況にあった。	He was in a difficult situation at work.
0592	この車は状態が悪い。	This car is in bad condition.
0593	彼の息子は学校で多くの問題を引き起こした。	His son caused a lot of problems at school.
0594	彼は何も食べずにその日を過ごした。	He spent the day without eating anything.

0595	私はその鳥を捕まえるために両腕を広げた。	I spread my arms to catch the bird.
0596	答えがわかったら、手を上げなさい。	Raise your hand if you know the answer.
0597	彼女は彼の耳を引っぱった。	She pulled his ear.
0598	私は紙の上に鉛筆で印をつけた。	I made a mark with a pencil on the paper.
0599	その老人はイヌに向かって叫んだ。	The old man shouted at the dog.
0600	彼は大きな鳥を撃った。	He shot a big bird.

STEP
15

ものの様子について話す

☐☐☐ 0601 やわらかいベッド	a **soft** bed
☐☐☐ 0602 幅の広い道路	a **wide** road
☐☐☐ 0603 深い川	a **deep** river
☐☐☐ 0604 丸いテーブル	a **round** table
☐☐☐ 0605 正方形を描く	draw a **square**
☐☐☐ 0606 突然現れる	suddenly **appear**
☐☐☐ 0607 すばやく消える	**disappear** quickly
☐☐☐ 0608 水に浮く	**float** on water
☐☐☐ 0609 太陽の熱	the **heat** of the sun
☐☐☐ 0610 高速で	at high **speed**

副詞のdeepとdeeply

両方とも「深く」というイメージだが、deepは物理的な深さ、deeplyは心理的、抽象的な深さとなる。

go deep [×deeply] into the mountain 「山の奥深くに行く」
be deeply [×deep] moved 「深く感動する」

soft [sɔ́:ft ソーフト]	形 ① (ものが)やわらかい(⇔ hárd かたい) ② おだやかな
wide [wáid ワイド]	形 ① 幅の広い(⇔ nárrow 幅の狭い) ② 幅が…で(の) 副 広く ▶ width[wídθ ウィドス] 名 広さ
deep [dí:p ディープ]	形 深い(⇔ shállow 浅い) 副 深く ▶ depth[dépθ デプス] 名 深さ、奥行き ▶ déeply 副 ① 激しく、ひどく ② 奥深く
round [ráund ラウンド]	形 丸い、円形の 名 ひとつ、1回分、1周
square [skwéər スクウェア]	名 ① 正方形 ② 平方、2乗 ③ 広場 形 正方形の
appear [əpíər アピア]	自 ① 現れる(⇔ disappéar 消える) ② 《It appears that ... で》…と思われる appear (to be) A Aのように見える ▶ appéarance 名 外見、現れること
disappear [disəpíər ディサピア]	自 消える、見えなくなる(⇔ appéar 現れる) ▶ disappéarance 名 見えなくなること、失踪
float [flóut フロウト] 発	自 浮く(⇔ sínk 沈む) 他 を浮かべる
heat [hí:t ヒート]	名 熱、暑さ(⇔ cóld 寒さ) 他 を熱する
speed [spí:d スピード]	名 速さ、速度 ▶ spéedy 形 速い、迅速な

STEP
16

speedを使った表現

「低速で」は at (a) low speed、「高速で」は at (a) high speed だが、「高速で」は単に at speed とも言う。

また、speed は「急ぐ、急がせる」という意味の動詞用法もあり、過去形・過去分詞形は sped[spéd スペド] となる。

環境・状況について話す

□□□ 0611 きれいな空気	clean **air**
□□□ 0612 低温	a low **temperature**
□□□ 0613 森林を守る	save the **forest**
□□□ 0614 新聞を再利用する	**recycle** newspapers
□□□ 0615 沈黙を守る	keep my **silence**
□□□ 0616 彼に適している	**suit** him

身の回りのものについて話す

□□□ 0617 階段を上る	go up the **stairs**
□□□ 0618 人体の模型	a **model** of the human body
□□□ 0619 ねじを回す	turn the **screw**
□□□ 0620 貝がらを拾う	pick up a **shell**

forestとwoods

「森」を表す語は、forestのほかにwoodsがある。

▶ forest：植林などの人の手が入っていない、自然のままの森
▶ woods：人の手が加わっている、小規模な森林
　なお、「熱帯雨林」はrain forestと言う。

air [éər エア]	名 ①空気　②空中 by air　航空便で、飛行機で
temperature [témpərətʃər テンパラチャ]	名 ①気温、温度　②体温
forest [fɔ́:rəst フォーレスト]	名 森林（＝wóods）
recycle [ri:sáikl リーサイクル]	他 を再利用する、再生する、リサイクルする ▶ recýcling 名 再利用、再生、リサイクル
silence [sáiləns サイレンス]	名 沈黙、静けさ ▶ sílent 形 静かな
suit [sú:t スート]	他 ①に適している　②に都合がよい ③に（服・色などが）似合う 名 ①（上下ひとそろいの）服、スーツ　②訴訟 be suited for[to] A　Aに適している
stair [stéər ステア]	名 《stairsで》階段
model [mádl マドル]	名 ①模型、型　②手本、模範 形 ①模型の　②模範になる 他 を形作る
screw [skrú: スクルー] 発	名 ねじ 他 をねじで締める
shell [ʃél シェル]	名 ①貝がら《※「貝」は shellfish》 ②（木の実などの）固いから

STEP
16

🐻 shellとshellfish

shellは「貝がら」、shellfishは「（二枚）貝」だが、shellの複数形は many shells「多くの貝がら」とsをつけるのに対し、shellfishは単数形・複数形ともshellfishであるため、many shellfish「多くの貝」となる。なお、「巻貝」はsnailと言い、複数形はsnails。

会話のきっかけをつくる ❶

自分や家族について話す

□□□ 0621 日記をつける	keep a **diary**
□□□ 0622 私のイメージをよくする	make my **image** better
□□□ 0623 食事を用意する	**prepare** food
□□□ 0624 会社を経営する	run a **company**

学校について話す

□□□ 0625 制服を着ている	wear her **uniform**
□□□ 0626 高校を卒業する	**graduate** from high school
□□□ 0627 大学に通う	go to **university**

街の中にあるものについて話す

□□□ 0628 平和の象徴	a **symbol** of peace
□□□ 0629 正門	the front **gate**
□□□ 0630 警察に行く	go to the **police**

✨ company のもうひとつの意味

company には「仲間、いっしょにいること」という意味もある。

I enjoyed your company. 「君といっしょにいて楽しかった」

diary [dáiəri ダイアリ]	名 日記
image [ímidʒ イミヂ] 発	名 ①イメージ、印象　②像、映像 ▶ imágine 他 を想像する ▶ imaginátion 名 想像(力)
prepare [pripéər プリペア]	他 を(…のために)用意する(for) 自 (…のために)準備する(for) 　prepare A for B　BのためにAを準備する ▶ preparátion 名 準備すること ▶ prepáratory 形 準備の
company [kámpəni カンパニ]	名 ①会社　②同伴、同席
uniform [jú:nəfɔ̀:rm ユーニフォーム] ア	名 制服、ユニフォーム 形 均等な、一定の
graduate [grǽdʒuèit グラヂュエイト]	自 (…を)卒業する(from) 名 卒業生 ▶ graduátion 名 卒業
university [jù:nəvə́:rsəti ユーニヴァースィティ]	名 (総合)大学 ▶ cóllege 名 (単科)大学
symbol [símbəl スィンボル]	名 ①象徴、シンボル　②記号 ▶ sýmbolize 他 を象徴する
gate [géit ゲイト]	名 門
police [pəlí:s ポリース] 発	名 ①《the police で複数扱い》警察　②警官たち

STEP
16

universityとcollege

　イギリスの古い大学では、学生と教授が寝食を共にしながら学ぶ場がcollegeで、collegeの集合体がuniversityと呼ばれる。アメリカではuniversityは大学院課程をもつ総合大学、collegeは学士を取得するための2年制や4年制の大学を指すことが多いが、広く一般にcollegeと言うこともある。

事実や情報を伝える ❾

見たり聞いたりしたことについて話す

□□□ 0631 現場へ駆けつける	rush to the **scene**
□□□ 0632 大群衆	a large **crowd**
□□□ 0633 その事実を知っている	know the **facts**
□□□ 0634 自動車事故	a car **accident**
□□□ 0635 その映画の題名	the **title** of the movie
□□□ 0636 汚い計略	a dirty **trick**
□□□ 0637 その隠された宝物	the hidden **treasure**

交通・交通機関について話す

□□□ 0638 多くの交通量	a lot of **traffic**
□□□ 0639 岡山に着く	**reach** Okayama
□□□ 0640 空港に着陸する	**land** at the airport

「到着する」

「到着する」の表現には reach, arrive (at), get (to) がある。reach は他動詞なので直後に名詞（目的語）がくる一方、arrive や get はそれぞれ後ろに前置詞 at, to を伴う。
We finally reached the hotel.「私たちはついにホテルに到着した」
I arrived at [got to] the station at 4 o'clock.「私は4時に駅に到着した」

scene [síːn スィーン]	名 ①現場、場面　②景色(＝víew) ▶ scénery 名 景色
crowd [kráud クラウド] 発	名 群衆、大勢 自 他 (に)群がる ▶ crówded 形 混雑した
fact [fǽkt ファクト]	名 事実
accident [ǽksədənt アクスィデント]	名 事故
title [táitl タイトル]	名 ①題名　②肩書き、敬称
trick [trík トリク]	名 ①計略、たくらみ　②いたずら 他 をだます ▶ trícky 形 ①ずるい、巧妙な　②やっかいな
treasure [tréʒər トレジャ]	名 ①宝物、財宝 　　②《treasuresで》貴重品、重要品 他 を大事にする
traffic [trǽfik トラフィク]	名 交通(量)、往来
reach [ríːtʃ リーチ]	他 ①に着く(＝arríve at)(⇔léave を去る) 　　②に[まで]達する 自 (…に向けて手などを)のばす(for)
land [lǽnd ランド]	自 着陸する、上陸する 名 ①陸(⇔séa 海)　②土地

STEP
16

Trick or treat?

　毎年10月31日のハロウィーンでは、カボチャの中身をくりぬいた「ジャック・オー・ランタン」を飾るほか、子どもたちがお化けに仮装して近所の家を訪問してお菓子をもらったりする。そのときの決まり文句が **Trick or treat**？「いたずらか、お菓子か？」。**treat**は「扱う」という動詞の意味のほかに、「(大変な)楽しみ、喜び、おごること」という名詞の意味がある。

<table>
<tr><td rowspan="10">ものの様子について話す</td><td>0601</td><td>私はふだんやわらかいベッドで寝ます。</td><td>I usually sleep in <u>a soft bed</u>.</td></tr>
<tr><td>0602</td><td>私は幅の広い道路でのみ運転できる。</td><td>I can only drive on <u>a wide road</u>.</td></tr>
<tr><td>0603</td><td>深い川で泳いではいけません。</td><td>You must not swim in <u>a deep river</u>.</td></tr>
<tr><td>0604</td><td>私たちは台所用に丸いテーブルを買った。</td><td>We bought <u>a round table</u> for our kitchen.</td></tr>
<tr><td>0605</td><td>その少女はその紙の上に正方形を描いた。</td><td>The girl <u>drew a square</u> on the paper.</td></tr>
<tr><td>0606</td><td>大きな穴が通りに突然現れた。</td><td>A big hole <u>suddenly appeared</u> in the street.</td></tr>
<tr><td>0607</td><td>雲はすばやく消えて空は晴れた。</td><td>The clouds <u>disappeared quickly</u> and the sky became clear.</td></tr>
<tr><td>0608</td><td>油は水に浮くものだ。</td><td>Oil will <u>float on water</u>.</td></tr>
<tr><td>0609</td><td>太陽の熱は夏の間とても強い。</td><td><u>The heat of the sun</u> is very strong during summer.</td></tr>
<tr><td>0610</td><td>彼は高速で運転していた。</td><td>He was driving <u>at high speed</u>.</td></tr>
<tr><td rowspan="6">環境・状況について話す</td><td>0611</td><td>全員がきれいな空気と水を必要としている。</td><td>Everyone needs <u>clean air</u> and water.</td></tr>
<tr><td>0612</td><td>その魚を低温で保存するべきですよ。</td><td>You should keep that fish at <u>a low temperature</u>.</td></tr>
<tr><td>0613</td><td>彼らは火事から森林を守ろうとした。</td><td>They tried to <u>save the forest</u> from fire.</td></tr>
<tr><td>0614</td><td>私たちは紙袋を作るために新聞を再利用する。</td><td>We <u>recycle newspapers</u> to make paper bags.</td></tr>
<tr><td>0615</td><td>私は最初から最後まで沈黙を守った。</td><td>I <u>kept my silence</u> from beginning to end.</td></tr>
<tr><td>0616</td><td>デスクワークは彼に最もよく適している。</td><td>A desk job <u>suits him</u> best.</td></tr>
<tr><td rowspan="4">身の回りのものについて話す</td><td>0617</td><td>彼女は急いで階段を上った。</td><td>She <u>went up the stairs</u> in a hurry.</td></tr>
<tr><td>0618</td><td>私たちは授業中に人体の模型を作った。</td><td>We built <u>a model of the human body</u> in class.</td></tr>
<tr><td>0619</td><td>君はもっと固くねじを回すべきだ。</td><td>You should <u>turn the screw</u> harder.</td></tr>
<tr><td>0620</td><td>私は海岸で貝がらを拾った。</td><td>I <u>picked up a shell</u> on the beach.</td></tr>
</table>

STEP 16

		私は毎日日記をつけている。	I <u>keep</u> <u>a</u> <u>diary</u> every day.
自分や家族について話す	0621		
	0622	私は自分のイメージをよくしようとしている。	I am trying to <u>make</u> <u>my</u> <u>image</u> <u>better</u>.
	0623	私の父はパーティーのために食事を用意している。	My father <u>is</u> <u>preparing</u> <u>food</u> for the party.
	0624	私のおじは3つの会社を経営している。	My uncle <u>runs</u> three <u>companies</u>.
学校について話す	0625	私の妹は一日中制服を着ている。	My sister <u>wears</u> <u>her</u> <u>uniform</u> all day.
	0626	彼は昨年高校を卒業した。	He <u>graduated</u> <u>from</u> <u>high</u> <u>school</u> last year.
	0627	私の姉は埼玉にある大学に通っている。	My sister <u>goes</u> <u>to</u> <u>university</u> in Saitama.
街の中にあるものについて話す	0628	この塔は平和の象徴だ。	This tower is <u>a</u> <u>symbol</u> <u>of</u> <u>peace</u>.
	0629	正門は午前8時に開く。	The <u>front</u> <u>gate</u> opens at 8 a.m.
	0630	彼女はその問題を届け出るために警察に行った。	She <u>went</u> <u>to</u> <u>the</u> <u>police</u> to report the problem.
見たり聞いたりしたことについて話す	0631	私たちは現場へ駆けつけたが、遅すぎた。	We <u>rushed</u> <u>to</u> <u>the</u> <u>scene</u> but it was too late.
	0632	大群衆が広間に集まった。	<u>A</u> <u>large</u> <u>crowd</u> gathered at the hall.
	0633	彼のみがその事実を知っている。	Only he <u>knows</u> <u>the</u> <u>facts</u>.
	0634	私たちは病院の前で自動車事故を見た。	We saw <u>a</u> <u>car</u> <u>accident</u> in front of the hospital.
	0635	私はその映画の題名を思い出せない。	I cannot remember <u>the</u> <u>title</u> <u>of</u> <u>the</u> <u>movie</u>.
	0636	彼は試合に勝つために汚い計略を使った。	He used <u>a</u> <u>dirty</u> <u>trick</u> to win the game.
	0637	私は森の中でその隠された宝物を見つけた。	I found <u>the</u> <u>hidden</u> <u>treasure</u> in the forest.
交通・交通機関について話す	0638	市の中心は多くの交通量があった。	There was <u>a</u> <u>lot</u> <u>of</u> <u>traffic</u> in the city center.
	0639	この列車は午前8時30分に岡山に着きます。	This train will <u>reach</u> <u>Okayama</u> at 8:30 a.m.
	0640	その飛行機は時間通り空港に着陸した。	The plane <u>landed</u> <u>at</u> <u>the</u> <u>airport</u> on time.

行動を相手に説明する ②

ものに働きかける

□□□ 0641 パンを焼く	**bake** bread
□□□ 0642 木を燃やす	**burn** wood
□□□ 0643 箱を埋める	**bury** a box
□□□ 0644 情報を集める	**gather** information
□□□ 0645 穴の中にボールをころがす	**roll** a ball into a hole
□□□ 0646 新聞を印刷する	**print** newspapers
□□□ 0647 窓を閉める	**shut** the window
□□□ 0648 その仕事を処理する	**handle** the jobs
□□□ 0649 メッセージを録音する	**record** the message
□□□ 0650 その壁を破壊する	**destroy** the wall

熱を加えて調理するときの語

　食材を熱して調理するとき、料理法によって使う動詞は異なる。bakeは「オーブンで焼く」ときに用いる。ほかに「煮る」ときはboil、「フライパンで焼く」ときはfryを使う。ここで、熱を加えてつくる料理全般に使える語としてcookがあることも覚えておこう。

bake [béik ベイク]	他 を(オーブンなどで)焼く ▶ bákery 名 パン屋
burn [bə́:rn バーン] 活 burnt[burned]-burnt[burned]	他 ①を燃やす　②をこがす 自 ①燃える　②こげる
bury [béri ベリ] 発	他 ①を埋める　②を埋葬する ▶ burial[bériəl ベリアル] 名 埋葬、葬式
gather [gǽðər ギャザ]	他 を集める 自 集まる
roll [róul ロウル] 発	他 ①をころがす　②を巻く 自 ころがる 名 巻いたもの、一巻き
print [prínt プリント]	他 を印刷する 名 印刷(物)
shut [ʃʌ́t シャト] 活 shut-shut	他 を閉める、閉じる(⇔ópen を開く) 自 閉まる
handle [hǽndl ハンドル]	他 を処理する、扱う 名 取っ手
record [rikɔ́:rd リコード]	他 を録音[画]する、記録する 名 [rékərd レコド] 記録、録音[画]
destroy [distrɔ́i ディストロイ]	他 ①を破壊する　②をだいなしにする ▶ destrúction 名 破壊 ▶ destrúctive 形 破壊的な

STEP
17

車のハンドル

　車の「ハンドル」は和製英語。標準的な英語では(steering) wheelという。steer
は「(船などの) かじを取る、ハンドルを握る」の意味。wheelは単独で用いると「車輪」
の意味にもなるので、はっきりと「ハンドル」を指すときはsteering wheelと言った
方がよい。

話題を広げる ❺

国や国際社会について話す		
□□□ 0651 私の母国	my home **country**
□□□ 0652 全国紙	a **national** newspaper
□□□ 0653 日本国民	a Japanese **citizen**
□□□ 0654 フランスの首都	the **capital** of France
□□□ 0655 日本政府	the Japanese **government**
□□□ 0656 成田国際空港	Narita **International** Airport
□□□ 0657 最初の州	the first **state**

経済について話す		
□□□ 0658 牛乳を生産する	**produce** milk
□□□ 0659 技能を発達させる	**develop** skills
□□□ 0660 米の収穫	the rice **harvest**

接頭辞 inter

接頭辞 inter は「…の間の」という意味。national が「国家の」という意味なので、international で「国家間の」という意味になる。global「地球規模の」と似ているが、global は「国」を超えた地球全体を見た考え方、international は「国」を前提にした表現。

country [kʌ́ntri カントリ] 発	名 ①国 ②《*one*'s country で》祖国 ③《the country で》いなか
national [nǽʃənəl ナショナル]	形 ①全国の、全国的な ②国民[国家]の ▶ nation[néiʃən ネイション] 名 国家 ▶ nationálity 名 国籍
citizen [sítəzən スィティズン]	名 国民、市民
capital [kǽpətl キャピトル]	名 ①首都、都 ②資本(金) ③大文字、頭文字
government [gʌ́vərnmənt ガヴァンメント]	名 ①政府、自治体 ②政治 ▶ govern[gʌ́vərn ガヴァン] 他 を統治する
international [intərnǽʃənəl インタナショナル]	形 国際的な、万国共通の
state [stéit ステイト]	名 ①州、国家 ②状態 他 を述べる ▶ státement 名 記述、声明
produce [prədjúːs プロデュース]	他 を生産する、生み出す 名 [prádjuːs プラデュース] 農作物 ▶ prodúction 名 生産、作り出されたもの ▶ prodúctive 形 生産力のある
develop [divéləp ディヴェロプ] ア	他 ①を発展[発達]させる ②を開発する ③を伸ばす 自 発達[発展]する ▶ devélopment 名 ①発達、成長 ②開発
harvest [háːrvəst ハーヴェスト]	名 ①収穫 ②収穫物 他 を収穫する

STEP
17

developing / developed

「先進国」は a developed country、「開発途上国」は a developing country と言う。この場合の developed は、「開発された」という受け身の意味ではなく、「開発が終わった」という完了の意味。

話題を広げる ❻

旅行について話す

☐☐☐ 0661 旅行に出かける	go on a **tour**
☐☐☐ 0662 外国へ旅行する	travel **abroad**
☐☐☐ 0663 観光に行く	go **sightseeing**
☐☐☐ 0664 冒険をする	have an **adventure**
☐☐☐ 0665 小さな村	a small **village**
☐☐☐ 0666 美しいながめ	beautiful **views**
☐☐☐ 0667 その博物館を訪れる	visit the **museum**

便利なもの・よいものについて話す

☐☐☐ 0668 必要な変更を加える	make **necessary** changes
☐☐☐ 0669 役に立つ情報	**useful** information
☐☐☐ 0670 完ぺきな贈りもの	a **perfect** gift

---

 tourとtravel

travelは一般的な旅行や移動、tourは特に短期間の旅行に用いる。
travel in Europe「ヨーロッパ旅行をする」
have a short tour of Kyoto「短い京都旅行をする」

tour [túər トゥア]	名 (観光)旅行 ▶ tóurist 名 観光客、旅行客
abroad [əbrɔ́:d アブロード] 発	副 外国へ[に、で]、海外へ[に、で](= òverséas)
sightseeing [sáitsì:iŋ サイトスィーイング]	名 観光
adventure [ədvéntʃər アドヴェンチャ]	名 冒険
village [vílidʒ ヴィリヂ]	名 村
view [vjú: ヴュー]	名 ①ながめ、景色(= scéne) ②意見、考え方 他 ①を見る ②を調べる
museum [mju:zí:əm ミューズィーアム] ⑦	名 博物館、美術館
necessary [nésəsèri ネセセリ]	形 必要な ▶ necéssity 名 必要(性)
useful [jú:sfəl ユースフル]	形 役に立つ、有益な(⇔ úseless 役に立たない) ▶ use[jú:z ユーズ] 他 を使う [jú:s ユース] 名 使用
perfect [pə́:rfikt パーフィクト]	形 完ぺきな、完全な 他 を完全にする ▶ perféction 名 完ぺき

STEP 17

with a view to

with a view to A で「Aのために」と目的を表す表現になる。Aには名詞や動名詞(動詞の-ing形)がくる。

He wrote the novel with a view to a profit.
「彼は利益を得るためにその小説を書いた」
He studied hard with a view to becoming a doctor.
「彼は医者になるために一生懸命勉強した」

考えや意図を伝える ❶

強調する

□□□ 0671 子どもでさえ	**even** a child
□□□ 0672 スポーツ、特にテニス	sports, **especially** tennis
□□□ 0673 実際にそこに行く	**actually** go there
□□□ 0674 そのようなすばらしい日	**such** a wonderful day
□□□ 0675 とにかく君を信じる	believe you **anyway**

相手の感情や思考に働きかける

□□□ 0676 彼を元気づける	**cheer** him up
□□□ 0677 おもしろい冗談を言う	tell a funny **joke**
□□□ 0678 友人を夕食に招待する	**invite** a friend to dinner
□□□ 0679 彼の助言に従う	follow his **advice**
□□□ 0680 君にお願いをする	ask a **favor** of you

偶数と奇数

　「偶数」は even (number)、「奇数」は odd (number)と言う。odd には「奇妙な、偏った」という意味があり、2で割ったときにどちらかに偏るという意味で奇数が odd number と呼ばれるようになった。なお、アラブ人は偶数を不吉だと考える傾向があり、アラビアン・ナイトの物語も1,000に1を足して、「千夜一夜」となっている。一方、中国など奇数が不吉だと考えられている国もある。数に対する考え方は国や文化により異なる。

even [íːvən イーヴン]	副 ① (…で)さえ　②さらに　③それどころか 形 ①平らな　②等しい 名 偶数(＝éven número)
especially [ispéʃəli イスペシャリ]	副 特に、とりわけ ▶ spécial 形 特別な
actually [ǽktʃuəli アクチュアリ]	副 実際に(は)、実は(＝in fáct, as a màtter of fáct) ▶ áctual 形 現実の、実際の
such [sʌ́tʃ サチ]	形 ①そのような、そんなに、こんなに 　②非常に、とても
anyway [éniwèi エニウェイ]	副 ①とにかく　②ところで
cheer [tʃíər チア]	他 自 ① (を)元気づける　② (に)声援を送る 名 かっさい、声援 ▶ chéerful 形 陽気な、快活な
joke [dʒóuk ヂョウク]	名 冗談 自 冗談を言う
invite [inváit インヴァイト]	他 ①を(…に)招待する、招く(to)　②をさそう ▶ invitátion 名 招待、招待状
advice [ədváis アドヴァイス] 発 ア	名 助言、忠告、アドバイス ▶ advise[ədváiz アドヴァイズ] 他 に助言する
favor [féivər フェイヴァ]	名 お願い、親切な行為

STEP
17

actually

actually は、使う場面に応じて「やはり」「本当に」という意味にもなる。

It's nice to have a long summer vacation, but I actually want to go back to school.

「夏休みが長いのはいいけど、やはり学校に戻りたい」

She actually looks angry, so you should say sorry to her right now.

「彼女は本当に怒っているように見えるから、今すぐ彼女に『ごめん』と言うべきだよ」

ものに働きかける	0641	私の母は台所でパンを焼いている。	My mother is baking bread in the kitchen.
	0642	私たちは家を暖めるために木を燃やした。	We burned wood to heat the house.
	0643	私たちは地面に箱を埋めた。	We buried a box in the ground.
	0644	私たちはインターネットから情報を集めた。	We gathered information from the Internet.
	0645	そのネコは穴の中にボールをころがした。	The cat rolled a ball into a hole.
	0646	この種の紙は新聞を印刷するために使用される。	This kind of paper is used to print newspapers.
	0647	彼女は冷気が入ってこないようにするために窓を閉めた。	She shut the window to keep the cold air out.
	0648	彼らはその仕事をすばやく処理した。	They handled the jobs quickly.
	0649	ではメッセージを録音してください。	Please record your message now.
	0650	怒った人々はその壁を破壊した。	The angry people destroyed the wall.
国や国際社会について話す	0651	私の母国はフランスです。	My home country is France.
	0652	これは日本の全国紙です。	This is a national newspaper in Japan.
	0653	外国人が日本国民になるのは簡単ではない。	It is not easy for a foreigner to become a Japanese citizen.
	0654	フランスの首都はパリです。	The capital of France is Paris.
	0655	日本政府はより多くの女性に仕事をもってもらいたがっている。	The Japanese government wants more women to have jobs.
	0656	成田国際空港まで1時間かかります。	It takes one hour to Narita International Airport.
	0657	アラバマは、クリスマスを祝日にした最初の州だった。	Alabama was the first state to make Christmas a holiday.
経済について話す	0658	北海道はよい牛乳を生産する。	Hokkaido produces good milk.
	0659	若者たちはこれらのプログラムで仕事の技能を発達させることができます。	Young people can develop job skills in these programs.
	0660	米の収穫がこの村で始まった。	The rice harvest began in this village.

0661	私の兄は8月にヨーロッパ旅行に出かけるつもりだ。	My brother will go on a tour to Europe in August.
0662	彼は毎年外国へ旅行する。	He travels abroad every year.
0663	この夏私たちはロンドン観光に行った。	We went sightseeing in London this summer.
0664	私たちはアフリカで冒険をした。	We had an adventure in Africa.
0665	彼は長野の小さな村で生まれた。	He was born in a small village in Nagano.
0666	そのホテルは美しい海のながめで有名だ。	The hotel is famous for its beautiful sea views.
0667	私はその博物館を3回訪れたことがある。	I have visited the museum three times.

0668	私たちはその計画に必要な変更を加えた。	We made necessary changes to the plan.
0669	その雑誌は役に立つ情報でいっぱいである。	The magazine is full of useful information.
0670	これはクリスマスに完ぺきな贈りものだ。	This is a perfect gift for Christmas.

0671	子どもでさえこのことを理解できる。	Even a child can understand this.
0672	私はすべてのスポーツ、特にテニスが好きだ。	I like all sports, especially tennis.
0673	昨日実際にそこに行ったのですか。	Did you actually go there yesterday?
0674	私は人生の中でそのようなすばらしい日を経験したことがない。	I've never had such a wonderful day in my life.
0675	私たちはとにかく君を信じることにした。	We decided to believe you anyway.

0676	彼は疲れているようなので、私たちは彼を元気づけたい。	He looks tired, so we want to cheer him up.
0677	ボブはいつも私たちにおもしろい冗談を言う。	Bob always tells us a funny joke.
0678	私は友人を私の家での夕食に招待した。	I invited a friend to dinner at my house.
0679	彼は私たちに、彼の助言に従うようにと言った。	He told us to follow his advice.
0680	君にお願いをしてもいいですか。	Could I ask a favor of you?

STEP
17

物事を説明する	□□□ 0681 生活様式	a **style** of living
	□□□ 0682 健康にとって危険で	**dangerous** to health
	□□□ 0683 簡単な問題	a **simple** problem
	□□□ 0684 野球のルールを説明する	**explain** the rules of baseball
	□□□ 0685 ついに終わる	**finally** end
人の様子について話す	□□□ 0686 驚いているように見える	look **surprised**
	□□□ 0687 彼女の目に涙を浮かべながら	with **tears** in her eyes
	□□□ 0688 若い方の世代	the younger **generation**
	□□□ 0689 財産を失う	lose a **fortune**
	□□□ 0690 眠ったままでいる	**remain** asleep

finallyの類語

▶ **at last**：長い間の努力や我慢が報われたときに使う。悪いことには用いない。
▶ **finally**：よいことにも悪いことにも使う。
▶ **after all**：予想通り、やはり、という意味。よいことにも悪いことにも使う。
  At last, we found it.「ついに私たちはそれを見つけた」
  Finally she died of the old age.「とうとう彼女は老齢で亡くなった」
  After all, she didn't come.「やはり彼女は来なかった」

style [stáil スタイル]	名 ①様式、やり方　②型、スタイル ▶ stýlish 形 流行の
dangerous [déindʒərəs デインヂャラス]	形 危険な ▶ dánger 名 危険
simple [símpl スィンプル]	形 ①簡単な (= éasy) (⇔ dífficult 難しい) 　②単純な　③質素な ▶ simplícity 名 簡単なこと、単純
explain [ikspléin イクスプレイン]	他 を説明する ▶ explanátion 名 説明
finally [fáinəli ファイナリ]	副 ①ついに　②最後に ▶ fínal 形 最後の
surprised [sərpráizd サプライズド]	形 驚いた、びっくりした be surprised at A　Aに驚く ▶ surprísing 形 驚くべき、意外な
tear [tíər ティア]	名 涙 自 [téər テア] 破れる 他 [téər テア] を裂く
generation [dʒènəréiʃən ヂェネレイション]	名 ①世代　②同時代 [同世代] の人々
fortune [fɔ́ːrtʃən フォーチュン]	名 ①財産、富 (= wéalth) 　②運 (= lúck) (⇔ misfórtune 不運)　③幸運 ▶ fórtunate 形 幸運な
remain [riméin リメイン]	自 ①のままでいる　② (その場に) とどまる

STEP
18

🐻 tearのイディオム

▶ shed a tear [tears]：「涙を流す」

　a tearとすると「ポロリと一粒の涙がこぼれる」、tearsとすると「ポロポロ涙を流す」というイメージ。shedは「(血や涙を) 流す、光を発する」という意味をもつ動詞。

▶ break [burst] into tears：「突然わっと泣き出す」

□□□ 0691 気晴らしに	for **entertainment**
□□□ 0692 競技場に行く	go to the **stadium**
□□□ 0693 大観衆	a large **audience**
□□□ 0694 展覧会を開く	hold an **exhibition**
□□□ 0695 まんが本が好きだ	like **comic** books
□□□ 0696 小説を書く	write a **novel**
□□□ 0697 映画を観る	watch a **film**
□□□ 0698 画面に触れる	touch the **screen**
□□□ 0699 女の子たちに人気がある	be **popular** with girls
□□□ 0700 硬貨を集める	collect **coins**

stadiumの由来

stadiumは、古代ギリシアで「人々が立つ場所」を意味する「スタディオン」に由来するが、1923年にアメリカでYankee Stadium（ヤンキースタジアム）が建設されると、stadiumは主に野球場を指すようになった。なお、観客席をstandと呼ぶのも、「スタディオン」を起源としている。

entertainment [èntərtéinmənt エンタテインメント]	图 ①気晴らし、娯楽、楽しみ　②余興、演芸 ▶ entertáin 他 を楽しませる
stadium [stéidiəm ステイディアム] 発	图 競技場、スタジアム
audience [ɔ́:diəns オーディエンス]	图 観客、聴衆
exhibition [èksəbíʃən エクスィビション] 発	图 ①展覧会、展示会(＝shów)　②展示 ▶ exhíbit 他 を展示する
comic [kámik カミク]	形 ①まんがの　②喜劇の、喜劇的な 图 まんが本 ▶ cómical 形 こっけいな
novel [návəl ナヴェル]	图 (長編)小説
film [fílm フィルム]	图 ①映画(＝móvie) 　②フィルム、薄い膜 自 映画を撮る 他 を撮影する
screen [skrí:n スクリーン]	图 ①画面、スクリーン　②さえぎるもの、ついたて
popular [pápjələr パピュラ]	形 ①人気のある　②大衆的な ▶ populárity 图 人気
coin [kɔ́in コイン]	图 硬貨(⇔bíll 紙幣)

STEP
18

coin の意外な意味

coin は動詞で「(新しい語句)を作り出す」という意味がある。

coin a new word「新しい単語を作り出す」

It is said that the phrase BANANA REPUBLIC was coined by O. Henry.

「バナナ共和国というフレーズは、O.ヘンリーによって作り出されたと言われている」

事実や情報を伝える ⑪

程度・頻度について話す	□□□ 0701 定期的な運動	<u>**regular**</u> exercise
	□□□ 0702 平均して	on <u>**average**</u>
	□□□ 0703 十分背が高い	tall <u>**enough**</u>
	□□□ 0704 高い水準で	at a high <u>**level**</u>
	□□□ 0705 おそらく正しい	be <u>**probably**</u> true
	□□□ 0706 大きな問題	a <u>**major**</u> problem
	□□□ 0707 まったく異なる	be <u>**quite**</u> different
作用・影響について話す	□□□ 0708 印象を与える	give an <u>**effect**</u>
	□□□ 0709 影響を及ぼす	have an <u>**influence**</u>
	□□□ 0710 支配下にあって	under the <u>**control**</u>

 enough

一般に形容詞の enough「十分な」は修飾する語の前、副詞の enough「十分に」は修飾する語の後ろに置く。

enough light to take a picture「写真を撮るのに十分な光」

young enough to climb the mountain「その山に登るのに十分に若い」

regular [régjələr レギュラ]	形 ①定期的な、いつもの 　②規則正しい(⇔ irrégular 不規則な) ▶ regulátion 名 規則
average [ǽvəridʒ アヴェリヂ] ⑦	名 平均 形 平均の
enough [ináf イナフ] ⑱	副 形 十分な[に]、必要なだけ(の) 代 十分な量[数]
level [lévəl レヴェル]	名 ①水準、レベル　②水平、高さ 形 平らな
probably [prábəbli プラバブリ]	副 おそらく ▶ próbable 形 ありそうな
major [méidʒər メイヂャ] ⑱	形 (ほかと比べて)大きな、より重要な(⇔ mínor (ほかと比べて)小さな) 自 (…を)専攻する(in) 名 専攻科目 ▶ majórity 名 過半数、多数
quite [kwáit クワイト]	副 ①まったく、すっかり　②かなり
effect [ifékt イフェクト]	名 ①印象　②(…への)影響、効果(on)　③結果 ▶ efféctive 形 効果がある、有効な
influence [ínfluəns インフルエンス]	名 (…への)影響(力)(on) 他 に影響を及ぼす ▶ influéntial 形 影響力がある
control [kəntróul コントロウル] ⑦	名 ①支配(力)、規制　②制御 他 ①を支配する　②を管理する

STEP
18

effectとinfluence

　effect「効果」とinfluence「影響」は紛らわしいが、effectは「(直接的な)変化の結果」、influenceは「(間接的に)変化を引き起こしうる力」を表す。

行動を相手に説明する ❸

もののやりとりについて話す

☐☐☐ 0711 手紙を送る	**send** a letter
☐☐☐ 0712 プレゼントを受け取る	**receive** a present
☐☐☐ 0713 彼女に多額のお金を貸す	**lend** her a lot of money
☐☐☐ 0714 電子メールをやりとりする	**exchange** emails

買いものをする

☐☐☐ 0715 市場へ行く	go to the **market**
☐☐☐ 0716 その地元の薬局	the local **drugstore**
☐☐☐ 0717 2冊の辞書を比較する	**compare** the two dictionaries
☐☐☐ 0718 有名なブランド	a famous **brand**
☐☐☐ 0719 安い車を買う	buy a **cheap** car
☐☐☐ 0720 現金で払う	pay in **cash**

 「両替する」

exchangeには「ほかの通貨に両替する」という意味もある。
I changed 1,000 yen. は「千円を（小銭）に両替した」という意味。
I exchanged 1,000 yen. は「千円をほかの国の通貨に両替した」という意味。

send [sénd センド] 活 sent-sent	他 ① (もの)を送る(⇔recéive を受けとる) ② (人)を行かせる
receive [risí:v リスィーヴ] 発	他 ①を受けとる(⇔sénd を送る)　②を受ける ▶ receipt[risí:t リスィート] 名 領収(書)
lend [lénd レンド] 活 lent-lent	他 を貸す(⇔bórrow を借りる)
exchange [ikstʃéindʒ イクスチェインヂ]	他 ①をやりとりする、交換する　②を両替する 名 交換、両替 exchange A for B　AをBと交換する[に両替する]
market [má:rkət マーケト]	名 市場
drugstore [drʌ́gstɔ̀:r ドラグストー]	名 薬局、ドラッグストア ▶ drúg 名 麻薬、薬剤
compare [kəmpéər コンペァ]	他 ①を比較する　②をたとえる compare A to B　AをBにたとえる compare A with[to] B　AとBを比べる ▶ compárison 名 比較
brand [brǽnd ブランド]	名 ブランド、商標
cheap [tʃí:p チープ]	形 安い、安っぽい(⇔expénsive 高価な)
cash [kǽʃ キャシュ]	名 現金

STEP
18

cheap の語感

cheap「安い」は「安っぽい」というマイナスの意味を伴う。「品質の割に価格が安い」と言いたいときには、inexpensive や low-price を用いる。

This chair is inexpensive, but not cheap.
「このいすは価格は安いけれども、安っぽくはない」

The shop sells many low-price products.
「その店は多くの手頃な価格の商品を売っている」

物事を説明する	0681 日本の生活様式はシンプルです。	The Japanese <u>style</u> <u>of</u> <u>living</u> is simple.
	0682 食べすぎは健康にとって危険でありうる。	Eating too much can be <u>dangerous to health</u>.
	0683 これは簡単な問題ではない。	This is not <u>a simple problem</u>.
	0684 私たちは彼女に野球のルールを説明した。	We <u>explained the rules of baseball</u> to her.
	0685 戦争の時代はついに終わった。	The age of war <u>finally ended</u>.
人の様子について話す	0686 彼女はその結果に驚いているように見える。	She <u>looks surprised</u> at the result.
	0687 彼女は目に涙を浮かべながらドアを閉めた。	She closed the door <u>with tears in her eyes</u>.
	0688 若い方の世代は都市に住むのを好む。	<u>The younger generation</u> likes to live in cities.
	0689 私たちは戦時中に財産を失った。	We <u>lost a fortune</u> during the war.
	0690 彼女が戻ってきた時、彼は眠ったままでいた。	He <u>remained asleep</u> when she came back.
余暇・娯楽について話す	0691 彼女は気晴らしにテレビを観ることが好きだ。	She likes watching TV <u>for entertainment</u>.
	0692 私たちはサッカーの試合を見るために競技場に行った。	We <u>went to the stadium</u> to watch a soccer game.
	0693 コンサートには大観衆がいた。	There was <u>a large audience</u> at the concert.
	0694 その博物館は5月に特別展覧会を開くだろう。	The museum will <u>hold</u> a special <u>exhibition</u> in May.
	0695 ヘレンはまんが本が大好きだ。	Helen <u>likes comic books</u> very much.
	0696 彼はオーストラリアを舞台にした小説を書いた。	He <u>wrote a novel</u> set in Australia.
	0697 私たちはいっしょに映画を観て楽しんだ。	We enjoyed <u>watching a film</u> together.
	0698 画面に触れてゲームを始めよう。	<u>Touch the screen</u> and start the game!
	0699 その歌手は女の子たちに人気がある。	The singer <u>is popular with girls</u>.
	0700 私の祖父の趣味は硬貨を集めることです。	My grandfather's hobby is <u>collecting coins</u>.

0701	定期的な運動はあなたの体にとってよい。	Regular exercise is good for your body.
0702	私は1日に平均して50通の電子メールを受け取る。	I get 50 emails a day on average.
0703	彼は一番上の棚に触れるほど十分背が高い。	He is tall enough to touch the top shelf.
0704	彼女はあらゆることを高い水準で行う。	She does everything at a high level.
0705	この情報はおそらく正しい。	This information is probably true.
0706	大気汚染は今日大きな問題だ。	Air pollution is a major problem today.
0707	彼の意見は私のものとまったく異なる。	His opinion is quite different from mine.

0708	ターナーの絵画は光の印象を与える。	Turner's paintings give an effect of light.
0709	その新規則は私たちの学校生活に大きな影響を及ぼすだろう。	The new rule will have a big influence on our school life.
0710	キューバは1898年までスペインの支配下にあった。	Cuba was under the control of Spain until 1898.

0711	私は母親に手紙を送った。	I sent a letter to my mother.
0712	私は父親からプレゼントを受け取った。	I received a present from my father.
0713	彼は彼女に多額のお金を貸した。	He lent her a lot of money.
0714	私は彼と電子メールをやりとりし始めた。	I began to exchange emails with him.

0715	私の母は魚と肉を買うために市場へ行った。	My mother went to the market to buy fish and meat.
0716	その地元の薬局は今セール中だ。	The local drugstore is having a sale now.
0717	私は図書館で2冊の辞書を比較した。	I compared the two dictionaries in the library.
0718	私は有名なブランドの服は買いたくない。	I don't want to buy clothes from a famous brand.
0719	彼はインターネットで安い車を買った。	He bought a cheap car on the Internet.
0720	現金で払いますか、それともカードで払いますか。	Are you paying in cash or by card?

STEP
18

社会問題について話す

□□□ 0721 4人に3人のおとな	three in four **adults**
□□□ 0722 高齢者	**elderly** people
□□□ 0723 たばこを吸う	smoke **cigarettes**
□□□ 0724 石油を運ぶ	carry **oil**
□□□ 0725 麻薬を使用する	use **drugs**
□□□ 0726 課題に対処する	meet the **challenge**

戦争・災害について話す

□□□ 0727 強い地震	a strong **earthquake**
□□□ 0728 その町を攻撃する	**attack** the town
□□□ 0729 死体	a **dead** body
□□□ 0730 戦争を生き延びる	**survive** the war

medicine と drug

　medicine は医薬品、drug は麻薬を含む薬全般を指す。なお、drug は日常会話では「麻薬」で用いられることの方が多いが、「医薬品」を drug と言っても差し支えない。

adult [ədʌ́lt アダルト]	名 おとな、成人 形 おとなの、成人の
elderly [éldərli エルダリ]	形 高齢の、初老の 名 《the elderlyで》高齢者
cigarette [sígərèt スィガレト]	名 (紙巻き)たばこ
oil [ɔ́il オイル]	名 石油、油 ▶ óily 形 油の、油だらけの
drug [drʌ́g ドラグ]	名 ①麻薬 ②薬 ▶ drúgstore 名 薬局、ドラッグストア
challenge [tʃǽləndʒ チャレンヂ] ⑦	名 ①課題 ②挑戦 ③異議 他 ①に異議を唱える ②に挑む ③の能力を試す
earthquake [ɔ́:rθkwèik アースクウェイク]	名 地震 ▶ quáke 自 揺れる、震える 名 震え、地震
attack [ətǽk アタク]	他 を攻撃する 名 攻撃
dead [déd デド]	形 ①死んだ(⇔ alíve 生きている) ②死んだような、生気のない ▶ déath 名 死
survive [sərváiv サヴァイヴ]	他 ①から生き延びる、生き残る ②より長生きする 自 生き残る ▶ survíval 名 生存、生き残ること

STEP
19

challenge の語法

　日本語で「チャレンジする」というと、「難問にチャレンジする」といったイメージがあるが、英語のchallengeにはそのような意味はなく、人を目的語にとって「人に挑戦する」という意味になる。

　　He challenged me in the tennis match.「彼はテニスの試合で私に挑戦した」

数や回数について話す

□□□ 0731	たった1本の木	a **single** tree
□□□ 0732	週に2回	**twice** a week
□□□ 0733	2、3分後に	in a **few** minutes
□□□ 0734	数回	**several** times
□□□ 0735	本当の数字	the real **figure**
□□□ 0736	60まで数える	**count** up to 60
□□□ 0737	数が増える	**increase** in number

時や期間について話す

□□□ 0738	21世紀	the twenty-first **century**
□□□ 0739	次の授業	the **next** class
□□□ 0740	君を永遠に愛する	love you **forever**

 increase＋前置詞

▶ increase in A：「Aが増える」
▶ increase by A：「Aの分増える」（byの後ろは差分を表す）
▶ increase to A：「増えてAになる」

740 !!

single [síŋgl スィングル]	形 ①たったひとつ[ひとり]の ②独身の ③ひとり用の
twice [twáis トワイス]	副 ①2回、2度 ②2倍(に) twice as A as B Bよりも2倍A
few [fjú: フュー]	形 ①《a few で》2、3の、少数の ②《few で》少数の(…しかない) 代 少数(の人[もの])
several [sévərəl セヴラル]	形 いくつかの、何人かの 名 数人、いくつかのもの
figure [fígjər フィギャ]	名 ①数字、数値 ②図 ③人物 他 だと思う
count [káunt カウント]	自 ①数える ②重要である 他 ①を数える ②を勘定に入れる、当てにする 名 数えること
increase [inkrí:s インクリース] ⑦	自 (…が)増える(in)(⇔decréase 減る) 他 を増やす 名 [ínkri:s インクリース] 増加
century [séntʃəri センチュリ]	名 世紀、100年
next [nékst ネクスト]	形 ①次の、今度の ②となりの 副 次に next to A Aのとなりに
forever [fərévər フォレヴァ]	副 永遠に、永久に

STEP
19

 「世紀」について

　21世紀は、2001年から2100年までの100年間を指す。紀元1世紀は1年から100年、紀元前1世紀は紀元1年から紀元前100年を指すので、「西暦0年」は、暦上は存在しない。もっとも天文学などでは、紀元前1年を「西暦0年」とすることはある。

　紀元0年はキリストが誕生した年とされており、「紀元前」は BC (Before Christ)、「紀元後」は AD (Anno Domini、ラテン語で「主の年」) という。

人の仕事・職業について話す	□□□ 0741 職員のひとり	a member of **staff**
	□□□ 0742 その銀行の事務員	the bank **clerk**
	□□□ 0743 鉱山で働く	work in a **mine**
	□□□ 0744 料理長になる	become a **chef**
	□□□ 0745 プロ野球選手	a **professional** baseball player
	□□□ 0746 1時間につき2,000円かせぐ	**earn** 2,000 yen an hour
	□□□ 0747 ボーナスをもらう	get a **bonus**
地理について話す	□□□ 0748 その小道をたどる	follow the **track**
	□□□ 0749 海岸に沿って	along the **coast**
	□□□ 0750 サハラ砂漠	the Sahara **Desert**

🐻 staffと紛らわしい語

staffと紛らわしい語にstuff[stʌ́f スタフ]「もの、材料」がある。staff, stuffとも不可算名詞であることに注意。

He is a member of the staff.「彼は職員の一員だ」
Leave your stuff here.「君のものはここに置くように」

staff [stǽf スタフ]	图 職員、スタッフ
clerk [klə́:rk クラーク]	图 ①事務員、職員　②店員
mine [máin マイン]	图 ①鉱山　②地雷 他 を(…から)採掘する(from)
chef [ʃéf シェフ]	图 料理長、料理人
professional [prəféʃənəl プロフェショナル]	形 プロの、職業の 图 プロ選手 ▶ proféssion 图 (専門的)職業
earn [ə́:rn アーン]	他 ①(金)をかせぐ　②を獲得する ▶ éarnings 图 所得
bonus [bóunəs ボウナス]	图 ①ボーナス、賞与 　②(思いがけない)贈りもの、おまけ
track [trǽk トラク]	图 ①小道　②(競技場の)トラック　③軌道　④足跡 他 のあとを追う、を追跡する
coast [kóust コウスト] 発	图 《the coastで》海岸、沿岸、《形容詞的に》海岸の
desert [dézərt デザト] ア	图 砂漠 他 [dizə́:rt ディザート] を見捨てる

STEP
19

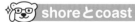 **shoreとcoast**

shoreは「海側から見た岸」、coastは「陸側から見た岸」を意味する。
I swam from the boat to (the) shore.「私はボートから岸へと泳いだ」
We drove along the coast.「私たちは海岸沿いにドライブした」

考えや意図を伝える ❷

□□□ 0751
彼女は誰かしらと思う
wonder who she is

□□□ 0752
注意を払う
pay **attention**

□□□ 0753
違いに気づく
notice the difference

□□□ 0754
何が起こったかを認識する
realize what happened

意見・感想を話す

□□□ 0755
よさそうに聞こえる
sound good

□□□ 0756
はっきりした考え
a **clear** idea

□□□ 0757
彼女の意見を求める
ask her **opinion**

予定・未来について話す

□□□ 0758
大学に行くことを決心する
decide to go to college

□□□ 0759
勉強することを約束する
promise to study

□□□ 0760
都合のよいときに
at a **convenient** time

wonder＋間接疑問文

wonderの後ろには、間接疑問文がくることが多い。間接疑問文は、〈疑問詞＋主語＋動詞〉の語順となり、後ろに「?」はつけない。

× I wondered who was she?

○ I wondered who she was. 「彼女は誰かしらと思った」

256 LEVEL 2 A2

wonder [wʌ́ndər ワンダ]	他 …かしら（と思う）、…かどうか知りたいと思う 自 不思議に思う 名 驚き ▶ wónderful 形 すばらしい
attention [əténʃən アテンション]	名 注意
notice [nóutəs ノウティス]	他 ①に気がつく ②を通知する ③に注意する 名 ①掲示、お知らせ ②通知
realize [ríːəlàiz リーアライズ]	他 ①を認識する、(…だと)理解する(that節) 　②を実現させる ▶ realizátion 名 ①理解 ②実現 ▶ réal 形 現実の
sound [sáund サウンド]	自 ①に聞こえる、思われる ②音がする、鳴る 名 音
clear [klíər クリア]	形 ①はっきりした、明らかな ②澄んだ 他 をきれいにする 自 (天気・空などが)晴れる ▶ cléarance 名 清掃、除去
opinion [əpínjən オピニョン]	名 意見
decide [disáid ディサイド]	他 自 ①(すること)(を)決心する(to do)、(を)決心する 　②(を)決定する decide on A　Aに決める ▶ decísion 名 決心、決定
promise [prάməs プラミス]	他 を約束する 名 約束
convenient [kənvíːnjənt コンヴィーニェント] ⑦	形 (…にとって)都合のよい(for)、便利な ▶ convénience 名 便利

STEP 19

名詞としての notice

noticeには「通知、告知」という意味の名詞用法もある。
▶ give notice of A 「Aを通知する」

社会問題について話す	0721	4人に3人のおとなが睡眠の問題を抱えていると言われている。	It is said that <u>three</u> in <u>four</u> <u>adults</u> have sleeping problems.
	0722	この町では多くの高齢者がひとり暮らしをしている。	Many <u>elderly</u> <u>people</u> live alone in this town.
	0723	このレストランでたばこを吸うことはできません。	You can't <u>smoke</u> <u>cigarettes</u> in this restaurant.
	0724	これは中東から石油を運ぶための船です。	This is a ship for <u>carrying</u> <u>oil</u> from the Middle East.
	0725	もし麻薬を使用すれば、のちに大きな問題を抱えるだろう。	If you <u>use</u> <u>drugs</u>, you will have big problems later.
	0726	その市は大気汚染という課題に対処する努力を進めている。	The city is making efforts to <u>meet the challenge</u> of air pollution.
戦争・災害について話す	0727	強い地震がその島を襲った。	A <u>strong</u> <u>earthquake</u> hit the island.
	0728	兵士たちが昨晩その町を攻撃した。	The fighters <u>attacked</u> <u>the</u> <u>town</u> last night.
	0729	私は死体を一度も見たことがない。	I have never seen a <u>dead body</u>.
	0730	私たちの祖父は中国での戦争を生き延びた。	Our grandfather <u>survived</u> <u>the</u> <u>war</u> in China.
数や回数について話す	0731	この土地にはたった1本の木も立っていなかった。	Not <u>a</u> <u>single</u> <u>tree</u> stood on this land.
	0732	私たちは数学の授業が週に2回ある。	We have math classes <u>twice</u> <u>a</u> <u>week</u>.
	0733	2、3分後に戻ってきます。	I will be back <u>in</u> <u>a</u> <u>few</u> <u>minutes</u>.
	0734	彼は月に数回おじを訪問する。	He visits his uncle <u>several</u> <u>times</u> a month.
	0735	彼らは本当の数字を報告しなかった。	They did not report <u>the</u> <u>real</u> <u>figure</u>.
	0736	その小さい男の子は60まで数えられる。	The little boy can <u>count</u> <u>up</u> <u>to</u> <u>60</u>.
	0737	アジア人の日本訪問客の数が増えている。	Asian visitors to Japan <u>are</u> <u>increasing</u> <u>in</u> <u>number</u>.
時や期間について話す	0738	21世紀は女性の時代だ。	<u>The</u> <u>twenty-first</u> <u>century</u> is the age of women.
	0739	次の授業は10分後に始まります。	<u>The</u> <u>next</u> <u>class</u> will begin in 10 minutes.
	0740	君を永遠に愛すると約束する。	I promise to <u>love</u> <u>you</u> <u>forever</u>.

0741	彼はこの事務所の新しい職員のひとりだ。	He is a new member of staff at this office.
0742	その銀行の事務員はお金を数えていた。	The bank clerk was counting money.
0743	彼は若い時に金鉱山で働いていた。	He worked in a gold mine when he was young.
0744	彼はそのレストランの料理長になった。	He became a chef at that restaurant.
0745	彼はアメリカのプロ野球選手だった。	He was a professional baseball player in the USA.
0746	彼は仕事で1時間につき2,000円かせぐ。	He earns 2,000 yen an hour from his job.
0747	彼は仕事で多額のボーナスをもらった。	He got a big bonus at work.

0748	私たちは地図上でその小道をたどった。	We followed the track on the map.
0749	海岸に沿ってさまざまな植物や鳥を見ることができる。	You can see different plants and birds along the coast.
0750	サハラ砂漠は世界最大の砂漠である。	The Sahara Desert is the biggest desert in the world.

0751	彼女は誰かしらと思う。	I wonder who she is.
0752	生徒たちは先生に注意を払った。	The students paid attention to the teacher.
0753	2枚の絵の違いに気づきましたか。	Did you notice the difference between the two pictures?
0754	彼女は先週何が起こったかを認識しなかった。	She didn't realize what happened last week.

0755	彼の計画は私にはよさそうに聞こえる。	His plan sounds good to me.
0756	私は自分の将来についてはっきりした考えを持っていなかった。	I did not have a clear idea about my future.
0757	彼らはこの問題について彼女の意見を求めた。	They asked her opinion about this matter.

0758	彼女は上海の大学に行くことを決心した。	She decided to go to college in Shanghai.
0759	私は1日に8時間勉強することを約束した。	I promised to study eight hours a day.
0760	君にとって都合のよいときに電話してください。	Please call me at a convenient time for you.

STEP
19

行ってみたい国

1 チャンクを確認しよう

これまでに学んだチャンクを使って、次のカッコ内に1語ずつ英単語を入れてみよう。確認したら、チャンクを繰り返し言ってみよう。

① フランスに興味がある　　　　　be (**interested**) (**in**) France

② 有名な画家　　　　　　　　　　(**famous**) painters

③ 女の子たちに人気がある　　　　be (**popular**) (**with**) girls

④ オリンピックを主催する　　　　(**host**) the Olympic Games

⑤ フランスを訪れるのを楽しみにする　(**look**) (**forward**) (**to**) visiting France

2 言ってみよう

英語の部分を隠して、次の日本語を英語にしてみよう。
日本語を見て英語がすぐに出てくるように繰り返し言ってみよう。

▶ 私はフランスに興味があります。　　(**I'm interested in France.**)

▶ フランスのスイーツは女の子たちに人気があるので、それらを食べてみたいのです。
　（ **I want to eat sweets in France because they are popular with girls.** ）

▶ パリは2024年にオリンピックを主催します。
　（ **Paris will host the Olympic Games in 2024.** ）

▶ 私はそのときにフランスを訪れるのを楽しみにしています。
　（ **I'm looking forward to visiting France then.** ）

上の文を参考にして、自分自身の趣味やスポーツ活動について短いスピーチをしてみよう。

I'm interested in...（自分が興味のある国）.. .

There are...（その国にあるものの説明）.. .

I'm looking forward to...（楽しみな思い）.. .

CROWN Chunk Builder

Basic

イディオム・多義語

イディオム

※〈他動詞＋目的語＋副詞〉型の句動詞は、〈他動詞＋A＋副詞〉などと表記する。

0761 …することができるようになる	**learn to *do***
0762 …しようと試みる、努める	**try to *do***
0763 試しに…してみる	**try *doing***
0764 A（乗りもの）に乗る	**get on A**
0765 Aを要求する	**call for A**
0766 AをBと呼ぶ	**call A B**
0767 Aを中止する	**call A off**
0768 Aを探す	**look for A**
0769 Aが…する［している］のが聞こえる	**hear A *do* [*doing*]**
0770 Aから連絡をもらう	**hear from A**
0771 Aのことを聞く、Aのうわさを聞く	**hear of A**
0772 忘れずに…する	**remember to *do***
0773 …したことを覚えている	**remember *doing***
0774 …するのにAをかける	**spend A (in) *doing***
0775 A（お金）をBに費やす	**spend A on B**
0776 BをA（のため）に残す、AをBの状態にしておく	**leave A B**
0777 …するはず［予定］だ	**be due to *do***
0778 Aのせいで	**due to A**

イディオム

彼女はあっという間にスキーができるようになった。	She **learned to ski** very quickly.
その窓を開けようと試みたが、できなかった。	I **tried to open** the window, but I couldn't.
そのケーキを試しに食べてみた。	I **tried eating** the cake.
次の電車に乗ろう。	Let's **get on the next train**.
労働者たちは昇給を要求した。	The workers **called for a pay raise**.
私をリズと呼んでください。	Please **call me Liz**.
その野球の試合は中止された。	The baseball game was **called off**.
私たちは飼いネコを探している。	We **are looking for** our cat.
妹が自室でピアノを弾いているのが聞こえた。	I **heard my sister playing the piano** in her room.
昨日彼女から連絡をもらった。	I **heard from her** yesterday.
あの新人歌手のことを聞きましたか。	Have you **heard of that new singer**?
忘れずに扉を閉めなさい。	**Remember to close the door.**
私は家を出るとき、ドアに鍵をかけたことを覚えている。	I **remember locking the door** when I left home.
私たちは空港まで運転するのに2時間かけた。	We **spent two hours driving** to the airport.
彼は3万ドルを新車に費やした。	He **spent $30,000 on his new car**.
彼女は自分の小さな子どもをひとりにしておきたくなかった。	She didn't want to **leave her small child alone**.
彼女は来週日本に帰国するはずだ。	She **is due to come back** to Japan next week.
大雪のせいで彼はパーティーに来られなかった。	He couldn't come to the party **due to heavy snow**.

0779 …し始める	**begin** *doing* **[to** *do***]**
0780 …することを終える	**finish** *doing*
0781 A（の）それぞれ	**each of A**
0782 1つのA《※Aは不加算名詞》	**a piece of A**
0783 Aを切望する	**long for A**
0784 AのB（体の部位）に触れる	**touch A on the B**
0785 Aを延期する	**put A off**
0786 握手する	**shake hands**
0787 現在	**at present**
0788 Aを捨てる	**throw A away**
0789 AかBのいずれか	**either A or B**
0790 （2つの中の）もう一方のA、（3つ以上の中の）残りのA	**the other A**
0791 Aと違っている	**be different from A**
0792 Aへ行く途中で	**on the way to A**
0793 Aに…するよう命令する、命じる	**order A to** *do*
0794 …するのをやめる	**give up** *doing*
0795 …するのが好きである	**like to** *do* **[***doing***]**
0796 Aを恐れている	**be afraid of A**

彼女はその長い手紙を読み始めた。	She **began reading the long letter**.
少年はテレビゲームで遊び終えた。	The boy **finished playing a video game**.
私たちそれぞれに、その仕事に対する責任がある。	**Each of us** is responsible for the work.
私は紙が1枚必要だ。	I need **a piece of paper**.
その国では誰もが平和を切望していた。	Everyone **was longing for peace** in the country.
彼女は娘の頭に触れた。	She **touched her daughter on the head**.
リーダーは会議を延期した。	The leader **put off the meeting**.
彼らは握手し、互いに自己紹介した。	They **shook hands** and introduced themselves to each other.
彼女は現在ここにいない。	She is not here **at present**.
私たちは古い服を捨てるべきではない。	We shouldn't **throw away old clothes**.
ジャックか私のいずれかがここにいなければならない。	**Either Jack or I** need to stay here.
彼女はもう一方の部屋に入った。	She went into **the other room**.
このかばんのデザインは、あれと少し違っている。	The design of this bag **is a little different from that one**.
私が会ったとき、彼女は京都へ行く途中だった。	She was **on the way to Kyoto** when I saw her.
父は私に部屋をそうじするよう命じた。	My father **ordered me to clean** the room.
私の父はお酒を飲むのをやめた。	My father **gave up drinking**.
姉は本当にサッカーをすることが好きだ。	My sister really **likes to play soccer**.
妹は暗やみを恐れている。	My sister **is afraid of the dark**.

イディオム

0797	（戦争、火事などが）起こる、生じる	**break out**
0798	Aに記入する	**fill A out**
0799	Aでおおわれている	**be covered with A**
0800	…するのをやめる	**stop** *doing*
0801	Aに注意する［している］	**be careful about [of] A**
0802	Aの前に	**in front of A**
0803	Aに加えて	**on top of A**
0804	Aがへたである	**be poor at A**
0805	Aなしでやっていく	**do without A**
0806	Aを選ぶ	**pick A out**
0807	Aを（車で）迎えにくる、拾う	**pick A up**
0808	…し始める	**start** *doing* **[to** *do***]**
0809	気楽に…する	**feel free to** *do*
0810	…したい気分である	**feel like** *doing*
0811	Aに興味［関心］がある	**be interested in A**
0812	…してごめんなさい	**be sorry for** *doing*
0813	Aを求める	**ask for A**
0814	AとBを見分ける	**tell A from B**

イディオム

その戦争は1941年に起こった。	The war **broke out** in 1941.
この用紙に記入してください。	Please **fill this form out**.
山は雪でおおわれていた。	The mountain **was covered with snow**.
彼はその事故の後、車を運転するのをやめた。	He **stopped driving** after the accident.
祖母は健康にとても注意している。	My grandmother **is** very **careful about her health**.
私たちの家の前に公園がある。	There is a park **in front of our house**.
彼は貧乏であり、それに加えて、友達がいなかった。	He was poor, and **on top of that**, he had no friends.
彼はテニスがへただ。	He **is poor at playing tennis**.
この地域では車なしではやっていけない。	We can't **do without a car** in this area.
私は母のためにプレゼントを選んだ。	I **picked a present out** for my mother.
父が空港に私を車で迎えにきてくれた。	My father **picked me up** at the airport.
その企業は中古コンピューターの販売を始めた。	The company **has started selling used computers**.
どうぞ気楽に何でも私たちに聞いてください。	Please **feel free to ask us anything**.
コーヒーを1杯飲みたい気分である。	I **feel like having** a cup of coffee.
兄は最近音楽に興味がある。	My brother **is interested in music** these days.
あんなことをしてごめんなさい。	I**'m sorry for doing** that.
彼女はいくらかの水を求めた。	She **asked for some water**.
私は彼と彼のいとこを見分けられない。	I can't **tell him from his cousin**.

0815	Aに…するよう命じる、命令[忠告]する	tell A to *do*
0816	…するつもりである	mean to *do*
0817	Aに当てはまる	be true of A
0818	Aに手紙を書く	write to A
0819	Aを持ち帰る、持ち出す	take A out
0820	A（提案など）に賛成する、同意する	agree to A
0821	…していただけますか	Would you mind *doing*...?
0822	Aに賛成票を投じる	vote for A
0823	Aに反対票を投じる	vote against A
0824	Aを確信している	be sure of [about] A
0825	きっと…する	be sure to *do*
0826	喜んで…する、…する用意ができて	ready to *do*
0827	自由に…することができる	be free to *do*
0828	Aでいっぱいである	be full of A
0829	たくさんのA	a lot [lots] of A
0830	約束を守る	keep one's word
0831	出発する	set out
0832	Aを説得して…させる	talk A into *doing*

イディオム

監督は私たちにもう1試合行うように命じた。	The coach **told us to play another match**.
私は誰も傷つけるつもりではなかった。	I didn't **mean to hurt anyone**.
それは誰にでも当てはまる。	It **is true of everyone**.
当時、毎週両親に手紙を書いていた。	I **wrote to my parents** every week in those days.
ほしければ食べ物を持ち帰ってもいいですよ。	You can **take out some food** if you want.
私は姉の計画に賛成しなかった。	I didn't **agree to my sister's plan**.
席を代わっていただけますか。	**Would you mind changing seats?**
その計画に賛成票を投じた人はほとんどいなかった。	Few people **voted for the plan**.
全員が彼に反対票を投じた。	Everyone **voted against him**.
彼は勝利を確信している。	He **is sure of winning**.
彼はきっと帰ってくる。	He **is sure to come back**.
どんな質問にも喜んでお答えします。	I'm **ready to answer** any questions.
君は自由にこの辞書を使うことができる。	You **are free to use this dictionary**.
びんはミルクでいっぱいだった。	The bottle **was full of milk**.
その先生は家にたくさんの本を持っていた。	The teacher had **a lot of books** in his house.
彼はいつも約束を守る。	He always **keeps his word**.
私たちは午前5時に出発した。	We **set out** at 5:00 a.m.
私は彼を説得してバンドに加入させた。	I **talked him into joining** our band.

  / / / **269**

0833	Aが…するのを助ける	**help A (to) *do***
0834	A（人）のBを手伝う	**help A with B**
0835	…する必要がある	**need to *do***
0836	Aにうんざりしている	**be tired of A**
0837	Aを見て	**at the sight of A**
0838	少しのA	**a little A**
0839	ほとんど（Aがない）	**little A**
0840	Aの一種	**a kind of A**
0841	…したい	**want to *do***
0842	Aを望む	**hope for A**
0843	…してうれしい	**be happy to *do***
0844	…することを楽しむ	**enjoy *doing***
0845	BのことでA（人）に感謝する	**thank A for B [*doing*]**
0846	Aのおかげで	**thanks to A**
0847	たまたま…する	**happen to *do***
0848	Aによって生じる	**result from A**
0849	Aといっしょに	**together with A**
0850	（乗りものに）乗って、搭乗して	**on board**

イディオム

私たちは彼女がバスに乗るのを助けた。	We **helped her get on the bus**.
私は弟の宿題を手伝った。	I **helped my brother with his homework**.
今日の午前中までにレポートを仕上げる必要があった。	I **needed to finish my report** by this morning.
私はその音楽にうんざりしている。	I'm **tired of the music**.
彼女はその犬を見て逃げた。	She ran away **at the sight of the dog**.
少し水をください。	Give me **a little water**.
その男性が回復する望みはほとんどなかった。	There was **little hope** of the man's recovery.
これはリンゴの一種ですか。	Is this **a kind of apple**?
彼女は今年の夏にパリへ行きたかったが、行かれなかった。	She **wanted to go** to Paris this summer, but she couldn't.
私たちはあなたからのいくらかの援助を望んでいます。	We **are hoping for some help** from you.
旧友と再会してうれしかった。	I **was happy to see my old friend** again.
彼らは一緒にテニスを楽しんだ。	They **enjoyed playing tennis** together.
宿題を手伝ってくれたことで彼女に感謝した。	I **thanked her for helping** me with my homework.
インターネットのおかげで、情報がとても簡単に手に入る。	**Thanks to the Internet**, we can get information very easily.
私はたまたま彼の電話番号を知っていた。	I **happened to know** his phone number.
その成功は、彼の多大な努力によって生じた。	The success **resulted from his great efforts**.
私は自分のイヌたちといっしょに散歩するのが好きです。	I like walking **together with my dogs**.
今日は小さな子どもたちが大勢乗っている。	We have a lot of small children **on board** today.

0851	…し続ける	continue *doing*
0852	（時が）過ぎる	pass by
0853	Aのそばを通り過ぎる	pass by A
0854	Aに似ている	be similar to A
0855	A次第である、Aによる	depend on A
0856	Aの代わりに	instead of A
0857	Aの前方に［へ、を］、Aより先に	ahead of A
0858	Aを楽しみにする	look forward to A
0859	ひとつには、ある程度	in part
0860	Aの一部	(a) part of A
0861	Aを消す	cross A off
0862	努力する	make an effort [efforts]
0863	誤って	by mistake
0864	偶然に、たまたま	by chance
0865	Aに感動する	be impressed with A
0866	困っている	be in trouble
0867	Aと結婚している［する］	be [get] married to A
0868	2つのA	a couple of A

イディオム

彼女はその本を読み続けた。	She **continued reading the book**.
あっという間に時が過ぎた。	Time **passed by** very quickly.
私は毎日仕事に出かける途中で**彼女の家のそばを通り過ぎる**。	I **pass by her house** every day on my way to work.
その赤ちゃんはどことなく彼の祖父に似ていた。	The baby **was similar to his grandfather** in some way.
移動にかかる時間は**交通状況次第**だ。	The travel time **depends on traffic**.
ジュースの代わりに水を飲みなさい。	Drink water **instead of juice**.
彼は他の人の前方を走っていた。	He was running **ahead of the others**.
私たちはその試合を楽しみにしている。	We **are looking forward to the game**.
その俳優が人気者なのは、ひとつにはとても頭がいいからだ。	The actor is popular **in part** because he is very smart.
音楽は私の人生の大きな一部である。	Music is **a big part of my life**.
彼らは順番待ちリストからその人を消した。	They **crossed the person off** the waiting list.
彼女は仕事でうまくいくよう努力した。	She **made an effort** to be successful in her work.
彼女は誤ってグラスを割ってしまった。	She broke the glass **by mistake**.
私は彼女に、そのパーティーで偶然に出会った。	I met her **by chance** at the party.
私は彼女が歌うのに感動した。	I **was impressed with her singing**.
彼は空港で困っていた。	He **was in trouble** at the airport.
彼女はアメリカ出身の男性と結婚している。	She **is married to a man** from the US.
2日前にその公園へ行った。	I went to the park **a couple of days** ago.

学習日 / / / **273**

0869	Aを支持して	**in support of A**
0870	Aのように見える	**appear (to be) A**
0871	航空便で、飛行機で	**by air**
0872	Aに適している	**be suited for [to] A**
0873	BのためにAを準備する	**prepare A for B**
0874	Aに驚く	**be surprised at A**
0875	AをBと交換する [に両替する]	**exchange A for B**
0876	AをBにたとえる	**compare A to B**
0877	AとBを比べる	**compare A with [to] B**
0878	Bよりも2倍A	**twice as A as B**
0879	Aのとなりに	**next to A**
0880	Aに決める	**decide on A**

880 !!

私たちの多くがジェーンの考えを支持した。	Many of us were **in support of Jane's idea**.
これはその問題に対するひとつの答えのように見える。	This **appears to be an answer** to the question.
私はその手紙を航空便で送った。	I sent the letter **by air**.
私たちは、彼がその仕事に最も適していると信じている。	We believe he **is best suited for** the job.
母は私たちのために昼食を用意してくれた。	My mother **prepared lunch for us**.
私はその知らせに驚いた。	I **was surprised at the news**.
彼女は黄色いシャツを青いのと交換した。	She **exchanged the yellow shirt for a blue one**.
彼は人生を1本の木にたとえた。	He **compared life to a tree**.
トムの母親は、いつも彼を彼の兄と比べた。	Tom's mother always **compared him with his brother**.
彼は息子よりも2倍年をとっている。	He is **twice as old as his son**.
私は野球場で友人のとなりに座った。	I sat **next to my friend** at the ball park.
私たちは、この計画に決めた。	We **decided on this plan**.

イディオム

多義語

⁰⁸⁸¹
☐
☐
☐
any [éni エニ]

❶形《肯定文で》どの、あらゆる　❷形《疑問文・条件文で》何らかの
❸形《否定文で》少しの…も、どれほどの…も

手持ちのどの本でも	any book you have
何らかのミス	any mistakes
少しのお金もなく	not any money

⁰⁸⁸²
☐
☐
☐
appear [əpíər アピア]

❶自と思われる、に見える　❷自現れる、出現する

| すばらしいと思われる | appear great |
| すぐに現れる | appear quickly |

⁰⁸⁸³
☐
☐
☐
art [á:rt アート]

❶名芸術　❷名技術

| 現代芸術 | modern art |
| コミュニケーション術 | the art of communication |

⁰⁸⁸⁴
☐
☐
☐
book [búk ブク]

❶名本　❷他を予約する

| 面白い本 | an interesting book |
| ホテルの部屋を予約する | book a hotel room |

多義語

0885 branch [bræntʃ ブランチ]

❶名枝　❷名支店、部門

| 枝を切り落とす | cut off a branch |
| 地元の支店 | a local branch |

0886 break [bréik ブレイク]

❶他をこわす、割る　❷名休憩

| その時計をこわす | break the clock |
| 休憩をとる | take a break |

0887 busy [bízi ビズィ]

❶形忙しい　❷形 (通りなどが)にぎやかな

| 忙しい1日 | a busy day |
| にぎやかな通り | a busy street |

0888 chair [tʃéər チェア]

❶名いす　❷他 (会議など)の議長を務める

| いすに座る | sit on a chair |
| その会議の議長を務める | chair the meeting |

0889 change [tʃéindʒ チェインヂ]

❶他 を変える、自 変わる　❷名 変化、変更　❸名 つり銭、小銭

その計画を変える	change the plan
突然の変化	a sudden change
あなたのつり銭	your change

0890 circle [sə́ːrkl サークル]

❶名 輪、円　❷名 範囲、グループ、仲間

| 輪になって | in a circle |
| 交友範囲 | a circle of friends |

0891 cold [kóuld コウルド]

❶形 冷たい、低温の　❷名 かぜ

| 冷気 | cold air |
| かぜを引いている | have a cold |

0892 depend [dipénd ディペンド]

❶自 …次第である (on)　❷自 (…を)当てにする (on)

| 君の努力次第である | depend on your effort |
| 親を当てにする | depend on parents |

0893
develop [divéləp ディヴェロプ]

❶他 を発達させる、発展させる　❷他 を開発する
❸他 を身につける、持つようになる

技能を発達させる	develop one's skills
コンピューターを開発する	develop a computer
習慣を身につける	develop a habit

0894
do [dú: ドゥー]

❶他 をする、行う　❷自 間に合う、十分である
❸他《have done *do*ing で》(すること) を仕上げる、終える

するべきことがたくさんある	have a lot to do
今のところ間に合う	do for now
読み終える	be [have] done reading

0895
even [í:vən イーヴン]

❶副 (…で) さえ　❷形 平らな　❸形 偶数の

子どもでさえ	even a child
平らな地面	even ground
偶数	an even number

多義語

0896 face [féis フェイス]

☐
☐
☐ ❶他 に立ち向かう ❷他 に直面する ❸名 顔

危険な状況に立ち向かう	face a dangerous situation
問題に直面する	face a problem
丸顔	a round face

0897 fair [féər フェア]

☐
☐
☐ ❶形 公平な、公正な ❷形 晴れた、快晴の

| 公平な機会 | a fair chance |
| 晴天 | fair weather |

0898 fine [fáin ファイン]

☐
☐
☐ ❶形 すばらしい、健康な ❷形 晴れた ❸名 罰金

すばらしい選手	a fine player
晴れた日	a fine day
100ドルの罰金	a 100-dollar fine

0899 floor [flɔ́ːr フロー]

☐
☐
☐ ❶名 床 ❷名 階

| 広い床 | a large floor |
| 地上階 | the ground floor |

多義語

0900 free [frí: フリー]

❶ 形 自由な ❷ 形 無料の

| 鳥のように**自由だ** | **free** as a bird |
| **無料の**品 | a **free** gift |

0901 ground [gráund グラウンド]

❶ 名 地面 ❷ 名 根拠、理由

| やわらかい**地面** | a soft **ground** |
| 十分な**根拠** | good **grounds** |

0902 hard [há:rd ハード]

❶ 形 硬い、固い ❷ 形 大変な、困難な ❸ 副 一生懸命に

硬い石	a **hard** stone
その**大変な**仕事	the **hard** work
一生懸命に勉強する	study **hard**

0903 head [héd ヘド]

❶ 名 頭 ❷ 自 (…へ)向かう(for)

| 大きい**頭** | a large **head** |
| 都市へ**向かう** | **head** for the city |

⁰⁹⁰⁴ **just** [dʒʌ́st ヂャスト]

❶副 ちょうど　❷副 …だけ、単に

| ちょうど今 | just now |
| 一度だけ | just once |

⁰⁹⁰⁵ **kind** [káind カインド]

❶名 種類　❷形 優しい、親切な

| ネコの一種 | a kind of cat |
| 優しい女性 | a kind woman |

⁰⁹⁰⁶ **last** [lǽst ラスト]

❶形 最後の　❷形 昨…、この前の　❸自 長持ちする、続く

私たちの最後のチャンス	our last chance
昨夜	last night
何年も長持ちする	last for years

⁰⁹⁰⁷ **letter** [létər レタ]

❶名 手紙　❷名 文字

| 長い手紙 | a long letter |
| 100字以内で | within 100 letters |

0908 lie [lái ライ] 活 lay[léi レイ]-lain[léin レイン]

❶名 うそ　❷自 横たわる

| うそをつく | tell a **lie** |
| ベッドに横たわる | **lie** in bed |

0909 light [láit ライト]

❶名 明かり、光　❷形 明るい　❸形 軽い

その**明かり**をつける	turn on the **light**
明るい色	a **light** color
軽い布のかばん	a **light** cloth bag

0910 lose [lú:z ルーズ] 活 lóst-lóst

❶他 (道)に迷う、を見失う　❷他 を失う、なくす　❸他 に負ける

道に迷う	**lose** my way
彼の仕事を失う	**lose** his job
試合に負ける	**lose** a game

0911 lot [lát ラト]

❶名 たくさん　❷名 (特定用途のための)場所、土地

| たくさんの人々 | a **lot** of people |
| 駐車場 | a parking **lot** |

多義語

0912 miss [mís ミス]

● 他 (電車やバス)に乗り遅れる、そこなう
● 他 がいなくてさびしく思う

| 電車に乗り遅れる | miss a train |
| 君がいなくてさびしい | miss you |

0913 natural [nǽtʃərəl ナチュラル]

● 形 自然の、天然の、野生の　● 形 当然の、ありのままの

| 自然界 | the natural world |
| 当然の結果 | a natural result |

0914 next [nékst ネクスト]

● 形 来…、次の　● 形 (…の)となりに、すぐ近くに(to)

| 来週 | next week |
| 自宅のとなりに | next to my house |

0915 note [nóut ノウト]

● 他 を記す、書きとめる　● 他 に注意する、注目する

| 番号を記す | note down the number |
| 変更に注意する | note the change |

0916 **pass** [pǽs バス]

❶他 を通る、通過する　❷他 に合格する　❸名 定期券、通行証

その裏庭を通る	pass the back yard
試験に合格する	pass a test
電車の定期券	a train pass

0917 **people** [píːpl ピープル]

❶名 人々《※複数扱い》
❷名 国民、民族《ひとつの国家に属する人々を指す場合は the をつけて複数扱い、共通の文化や社会を持った集団を指す場合は可算名詞》

| たくさんの人々 | many people |
| 日本国民 | the people of Japan |

0918 **play** [pléi プレイ]

❶他 (競技など)を行う　❷他 を演奏する　❸名 演劇、芝居

サッカーを行う	play soccer
ピアノを演奏する	play the piano
演劇を観る	see a play

0919 **poor** [púər プア]

❶形 貧しい、貧困の　❷形 かわいそうな　❸形 苦手な、へたな

貧しい人々	poor people
かわいそうな少年	a poor boy
スポーツが苦手だ	be poor at sports

学習日　╱　╱　╱　**285**

0920 present [préznt プレズント]

❶ 名 贈りもの　❷ 名 形 現在(の)　❸ 他 を贈る [prizént プリゼント]

ちょっとした贈りもの	a small **present**
現在のところ	at **present**
勝者にその賞を贈る	**present** the award to the winner

0921 raise [réiz レイズ]

❶ 他 を上げる　❷ 他 を育てる、養う　❸ 他 を集める、募る

あなたの手を上げる	**raise** your hand
子どもを育てる	**raise** a child
資金を集める	**raise** money

0922 serve [sə́:rv サーヴ]

❶ 他 (のため)に働く、を務める　❷ 他 を給仕する

| 彼女の国のために働く | **serve** her country |
| サラダを給仕する | **serve** salad |

0923 sorry [sári サリ]

❶ 形 すまなく思って　❷ 形 気の毒な、残念な

| そのことについてすまないと思う | **sorry** about that |
| 彼を気の毒に思う | feel **sorry** for him |

0924 stand [stǽnd スタンド]

❶自 立つ、立っている　❷他 を我慢する

| 向こうに立つ | stand over there |
| これ以上それを我慢できない | can't stand it any more |

0925 still [stíl スティル]

❶副 まだ　❷副 じっとして、静止した

| まだそれを覚えている | still remember it |
| じっと立っている | stand still |

0926 view [vjú: ヴュー]

❶名 ながめ、視界　❷名 意見、見解　❸他 を見る、ながめる

窓からのながめ	the view from the window
異なる意見	a different view
その山を見る	view the mountain

0927 way [wéi ウェイ]

❶名 道のり、距離　❷名 方法、手段　❸名 道、経路

| 長い道のり | a long way |
| 勉強方法 | a way to study |

多義語

	私の英語に何らかのミスを見つけたら、どうぞ私に言ってください。	If you find <u>any</u> <u>mistakes</u> in my English, please tell me.
0881		
0881	私は少しのお金も持っていない。	I don't have <u>any</u> <u>money</u> with me.
0882	彼女は私たちの前にすぐに現れた。	She <u>appeared</u> <u>quickly</u> in front of us.
0883	彼はコミュニケーション術がわかっている。	He knows <u>the</u> <u>art</u> <u>of</u> <u>communication</u> very well.
0884	私たちのためにホテルの部屋を予約してくれませんか。	Can you <u>book</u> <u>a</u> <u>hotel</u> <u>room</u> for us?
0885	その銀行はほとんどの大きな街に地元の支店がある。	The bank has <u>local</u> <u>branches</u> in most big towns.
0886	5分間の休憩をとりましょう。	Let's <u>take</u> <u>a</u> five-minute <u>break</u>.
0887	これは東京でもっともにぎやかな通りのひとつです。	This is one of <u>the</u> <u>busiest</u> <u>streets</u> in Tokyo.
0888	ジーンがその会議の議長を務めるだろう。	Jean will <u>chair</u> <u>the</u> <u>meeting</u>.
0889	こちらがあなたのつり銭です。	Here is <u>your</u> <u>change</u>.
0890	彼女は広い交友範囲をもっている。	She has <u>a</u> wide <u>circle</u> <u>of</u> <u>friends</u>.
0891	私はいつも春先にかぜを引いている。	I always <u>have</u> <u>a</u> <u>cold</u> in early spring.
0892	私の姉はまだ親を当てにしている。	My older sister still <u>depends</u> <u>on</u> <u>her</u> <u>parents</u>.
0893	その会社は新しいコンピューターを開発した。	The company <u>developed</u> <u>a</u> new <u>computer</u>.
0893	彼は夜更かしする習慣を身につけた。	He <u>developed</u> <u>a</u> <u>habit</u> of staying up late.
0894	これで今のところ間に合う予定だ。	This will <u>do</u> <u>for</u> <u>now</u>.
0894	あなたはその本を読み終えましたか。	<u>Are</u> you <u>done</u> <u>reading</u> the book?
0895	そのテーブルを平らな地面の上に置きなさい。	Place the table on <u>even</u> <u>ground</u>.
0895	女性に偶数の花を贈るべきではない。	You shouldn't give <u>an</u> <u>even</u> <u>number</u> of flowers to a woman.
0896	その危険な状況に立ち向かうときだ。	It's time to <u>face</u> <u>the</u> <u>dangerous</u> <u>situation</u>.

□ 0897	あなたはこの島では、一年中晴天を楽しめるだろう。	You will enjoy fair weather all year round on this island.
□ 0898	今日は晴れた日だ。	It's a fine day today.
□ 0898	私の父は100ドルの罰金を支払った。	My father paid a 100-dollar fine.
□ 0899	トイレは地上階にあります。	The restroom is on the ground floor.
□ 0900	その店から買えば、無料の品をもらえるでしょう。	You will get a free gift if you buy from the shop.
□ 0901	私は、彼がそう言うのには十分な根拠があると思う。	I think he has good grounds for saying so.
□ 0902	私はその大変な仕事のあとで疲れた。	I was tired after the hard work.
□ 0902	私たちは試験に向けて一生懸命に勉強した。	We studied hard for the examination.
□ 0903	その車は都市へ向かった。	The car headed for the city.
□ 0904	私は小さい頃、一度だけ彼のおじいさんに会った。	I met his grandfather just once when I was small.
□ 0905	ライオンはネコの一種だ。	A lion is a kind of cat.
□ 0906	昨夜はとても寒かった。	It was very cold last night.
□ 0906	魚の缶詰は何年も長もちするだろう。	Canned fish will last for years.
□ 0907	100字以内で日本語のメッセージを書きなさい。	Write a Japanese message within 100 letters.
□ 0908	彼女は1日中ベッドに横たわっていた。	She lay in bed all day.
□ 0909	私はその部屋を明るい色に塗りたい。	I'd like to paint the room a light color.
□ 0909	私は軽い布のかばんを買いたい。	I want to buy a light cloth bag.
□ 0910	私は街の中で道に迷った。	I lost my way in the city.
□ 0910	私たちのチームは3点差で試合に負けた。	Our team lost the game by 3 points.
□ 0911	その店の近くに駐車場はありますか。	Is there a parking lot near the shop?

多義語

□ 0912	もし来なければ、みなは君がいなくてさびしいだろう。	Everyone will <u>miss you</u> if you don't come.
□ 0913	彼は一生懸命勉強せず、当然の結果として、彼は試験に合格しなかった。	He didn't study hard, and as <u>a natural result</u>, he didn't pass the test.
□ 0914	新しいレストランが自宅のとなりにオープンした。	A new restaurant opened <u>next to my house</u>.
□ 0915	時間と場所の変更に注意してください。	Please <u>note the change</u> of time and place.
□ 0916	私は試験に合格するために一生懸命勉強した。	I studied hard to <u>pass the test</u>.
□ 0916	私はどこで電車の定期券を手に入れることができますか。	Where can I get <u>a train pass</u>?
□ 0917	日本国民は親切で友好的だ。	<u>The people of Japan</u> are kind and friendly.
□ 0918	彼はひとりでピアノを演奏するのが好きだ。	He likes <u>playing the piano</u> alone.
□ 0918	私たちは昨日、劇場で演劇を観た。	We <u>saw the play</u> at the theater yesterday.
□ 0919	その街にはジャックと呼ばれるかわいそうな少年が住んでいた。	In the town, there lived <u>a poor boy</u> called Jack.
□ 0919	私は勉強は得意だが、スポーツが苦手だ。	I <u>am</u> good at studying but <u>poor at sports</u>.
□ 0920	現在のところ、約500人の生徒がここで勉強している。	<u>At present</u>, about 500 students are studying here.
□ 0920	彼らは勝者にその賞を贈った。	They <u>presented the award to the winner</u>.
□ 0921	子どもを育てることは、誰にとっても簡単ではない。	<u>Raising a child</u> is not easy for anyone.
□ 0921	私たちはチャリティーのために資金を集めた。	We <u>raised money</u> for charity.
□ 0922	そのウェイターは私たちにサラダを給仕した。	The waiter <u>served salad</u> to us.
□ 0923	私たちはみな、彼を気の毒に思った。	We all <u>felt sorry for him</u>.
□ 0924	私はこれ以上、彼のことを我慢できない。	I <u>can't stand him any more</u>.
□ 0925	彼は庭でじっと立っていた。	He <u>stood still</u> in the garden.
□ 0926	私はその問題について、異なる意見をもっている。	I have <u>a different view</u> of the problem.

	私たちはケーブルカーからその山を見た。	We <u>viewed the mountain</u> from the cable car.
0926		

	私はよりよい勉強方法を見つける必要がある。	I need to find <u>a</u> better <u>way to study</u>.
0927		

多義語

接頭辞

接頭辞	意味	例
bi-	2つの	bicycle（自転車）
co- / com- / con-	共に	company（会社、仲間）
im- / in-	中へ	inside（内側）
de-	離れる	departure（出発）
dis-	否定	disappear（消える）
ex-	外へ	export（を輸出する）
il- / im- / in-	否定	impossible（不可能な）
inter-	…間の	international（国際的な）
mis-	誤り	mistake（誤り）
non-	否定	nonsense（無意味な）
out-	外へ	outside（外側に）
pre-	前の	prepare（を準備する）
pro-	前へ	promise（約束する）
re-	再び	recycle（を再利用する）
sub-	下	subway（地下鉄）
tele-	遠く	telephone（電話）
trans-	移動	transport（を輸送する）
un-	否定	unable（できない）
uni-	1つの	universal（普遍的な）

接尾辞

接尾辞	意味	例
-able	…できる	possible（可能な）
-ee	…される人	employee（従業員）
-er / -or	…する人	driver（運転手）
-ful	満ちた	powerful（強力な）
-ic / -ical	…に関する	classical（古典の）
-ics	…学	economics（経済学）
-ion	…すること	action（行動）
-ist	…の専門家	artist（芸術家）
-ize / -ise	…する	realize（を実現する）
-less	…がない	careless（不注意な）
-logy	…学	biology（生物学）
-ly	（形容詞について）副詞をつくる	deeply（深く）
-ment	動作	development（発達）
-ness	状態	darkness（暗さ）
-or	…する人［もの］	actor（俳優）
-ory	場所	factory（工場）
-ward	…の方へ	backward（後ろへ）

不規則動詞の活用を確認しよう。

原形	過去形	過去分詞形	現在分詞形
☐ become（になる）	became	(become)	becoming
☐ begin（始まる）	began	(begun)	(beginning)
☐ break（を壊す）	(broke)	broken	breaking
☐ bring（を持ってくる）	brought	(brought)	bringing
☐ build（を建てる）	built	built	building
☐ buy（を買う）	(bought)	(bought)	buying
☐ catch（をつかまえる）	(caught)	caught	catching
☐ choose（を選ぶ）	chose	(chosen)	choosing
☐ come（来る）	came	(come)	coming
☐ cut（を切る）	(cut)	(cut)	cutting
☐ do（をする）	did	(done)	doing
☐ draw（を描く）	(drew)	drawn	drawing
☐ drink（を飲む）	(drank)	drunk	drinking
☐ drive（運転する）	drove	(driven)	driving
☐ eat（を食べる）	(ate)	eaten	eating
☐ fall（落ちる）	(fell)	fallen	falling
☐ feel（を感じる）	(felt)	(felt)	feeling
☐ find（を見つける）	(found)	found	finding
☐ fly（飛ぶ）	(flew)	flown	flying

原形	過去形	過去分詞形	現在分詞形
☐ forget (を忘れる)	forgot	forgot [forgotten]	(forgetting)
☐ get (を手に入れる)	got	got [gotten]	(getting)
☐ give (を与える)	(gave)	given	giving
☐ go (行く)	went	(gone)	going
☐ grow (成長する)	(grew)	(grown)	growing
☐ have (を持っている)	had	had	having
☐ hear (を聞く)	(heard)	(heard)	hearing
☐ hit (を打つ, に当たる)	(hit)	(hit)	(hitting)
☐ hold (をかかえる)	held	held	holding
☐ keep (を保つ)	(kept)	(kept)	keeping
☐ know (を知っている)	(knew)	known	knowing
☐ leave (を残す)	left	(left)	leaving
☐ lie (横たわる, 寝る)	(lay)	(lain)	(lying)
☐ lose (を失う)	(lost)	(lost)	losing
☐ make (を作る)	made	made	making
☐ mean (を意味する)	(meant)	(meant)	meaning
☐ meet (に会う)	met	met	meeting
☐ put (を置く)	(put)	(put)	putting
☐ ride (に乗る)	(rode)	(ridden)	riding
☐ rise (のぼる)	(rose)	risen	rising
☐ run (走る)	ran	(run)	(running)

原形	過去形	過去分詞形	現在分詞形
☐ say (と言う)	said	said	saying
☐ see (を見る)	saw	(seen)	seeing
☐ send (を送る)	sent	sent	sending
☐ set (を置く、配置する)	(set)	(set)	setting
☐ shake (をゆさぶる)	(shook)	(shaken)	shaking
☐ show (を見せる)	(showed)	shown	showing
☐ sing (歌う)	(sang)	sung	singing
☐ sit (座る)	sat	sat	(sitting)
☐ sleep (眠る)	slept	(slept)	sleeping
☐ speak (を話す)	(spoke)	(spoken)	speaking
☐ spend (を過ごす)	spent	spent	spending
☐ stand (立つ)	(stood)	(stood)	standing
☐ swim (泳ぐ)	(swam)	(swum)	(swimming)
☐ take (をとる)	(took)	taken	taking
☐ teach (を教える)	(taught)	(taught)	teaching
☐ tell (を言う)	told	told	telling
☐ think (と考える)	thought	(thought)	thinking
☐ throw (を投げる)	(threw)	(thrown)	throwing
☐ wear (を着る)	(wore)	(worn)	wearing
☐ win (を勝ち取る)	(won)	(won)	(winning)
☐ write (を書く)	(wrote)	(written)	writing

CROWN Chunk Builder
Basic

さくいん

単語

見出し語は太字、派生語・関連語などは細字で示してあります。
数字は単語の番号を示しています。
青字は LEVEL0 に掲載されていることを示しています。

305

312 さくいん

イディオム

CAN-DO（英語でできること）